大夏书系·全国幼儿教师培训用书

丛书主编／朱家雄 张亚军

幼儿教师
如何做研究

吴玲玲
徐　冰　主编

华东师范大学出版社

图书在版编目（CIP）数据

幼儿教师如何做研究/吴玲玲，徐冰主编. —上海：华东师范大学出版社，
2013.5
全国幼儿教师培训用书
ISBN 978－7－5675－0665－7

Ⅰ.①幼... Ⅱ.①吴... ②徐... Ⅲ.①幼教人员—教学研究—教师培训—教材
Ⅳ.①G615

中国版本图书馆 CIP 数据核字（2013）第 090757 号

大夏书系·全国幼儿教师培训用书
幼儿教师如何做研究

主　　编　　吴玲玲　　徐　冰
策划编辑　　李永梅
审读编辑　　李热爱
封面设计　　奇文云海
责任印制　　殷艳红

出版发行　　华东师范大学出版社
社　　址　　上海市中山北路 3663 号　　邮编 200062
网　　址　　www. ecnupress. com. cn
电　　话　　021－60821666　　行政传真　021－62572105
客服电话　　021－62865537
邮购电话　　021－62869887　　地址　上海市中山北路 3663 号华东师范大学校内先锋路口
网　　店　　http://hdsdcbs. tmall. com/

印　刷　者　　北京密兴印刷有限公司
开　　本　　700×1000　16 开
印　　张　　15.5
字　　数　　230 千字
版　　次　　2013 年 6 月第一版
印　　次　　2025 年 6 月第十一次
印　　数　　30 001－31 500
书　　号　　ISBN 978-7-5675-0665-7/G · 6446
定　　价　　52.00 元

出　版　人　　朱杰人

（如发现本版图书有印订质量问题，请寄回本社市场部调换或电话 021-62865537 联系）

目 录
CONTENTS

团队篇

成长篇

丛书总序

2010 年底,《国务院关于当前发展学前教育的若干意见》(以下简称"国十条")给学前教育的发展定了基调,或者说是重申了多年以来被忽略的学前教育的定性问题。"国十条"提出把学前教育摆在国计民生的重要位置,突出强调了它的教育属性和社会公益属性,明确指出,学前教育是国民教育体系的重要组成部分,是重要的社会公益事业。因此,我们有理由认为学前教育迎来了健康快速发展的历史机遇。当然,我们仍然清醒地意识到,学前教育的发展不可能一蹴而就,不应依赖短期的即时政策,而需要一以贯之的良好政策,需要对教育发展规律和教育常识的基本尊重。

学前教育的健康发展无外乎受到外部和内部因素的影响,前者指的是社会发展及政策背景,后者指的是相关从业人员的实践行为。从目前来看,外部因素制约的瓶颈,基本解决了,剩下的是学前教育工作者的实践努力。我们认为,重中之重和当务之急就是建设并维护一支高素质的幼儿园教师队伍。

"国十条"指出,"加快建设一支师德高尚、热爱儿童、业务精良、结构合理的幼儿教师队伍",并提出了"完善学前教育师资培养培训体系"的具体举措。从 2011 年起,实施"幼儿教师国家级培训计划";2012 年初,颁发了《幼儿园教师专业标准(试行)》。这些举措实际上都是在重申和强调教育的一个基本常识:教师的专业化水平是决定教育质量的首要因素。

本套丛书正是在这样的背景下产生的，但这套书并不是应时应景之作，我们的目标是为幼儿园教师的专业成长提供持续的动力。虽然这套书是沐浴着学前教育的"春风"孕育而生的，但她将会焕发持久的生命力。

这套书延续了《给幼儿教师的建议》、《给幼儿园园长的建议》的风格，致力于解决一个核心问题，就是培训的有效性问题。这是一个最基本的常识问题，也是我们首先要直面的问题。无效则不如不做，低效也是劳民伤财。这套丛书或许不能系统地解决这个问题，但我们希望能为培训提供一个有效的载体，这是迈向有效之路的必备资源。如何解决这个问题，我们并没有灵丹妙药，靠的是常识，也就是突出主体性，即所谓的参与式培训。有效无效，受训者心知肚明，这是从结果而言的；想要做到有效，除了培训者和资源开发者的努力外，要充分发挥受训者的主体性。除此之外，别无他途。我们要做的，就是为这个有效之路提供载体。

为达成有效，我们在丛书的体系、内容、形式上做出努力，也就形成了本套丛书的三个特点。

在体系建构上力求系统明晰。这套书包括 6 册，力图涵盖幼儿园教师专业成长的所有方面。换言之，这是一套全员适用、全面促进幼儿园教师专业成长的读物。当然，这里的难点在于如何兼顾不同地域、不同专业成长期的不同教师，这个差异可能是巨大的。我们的原则是对应于符合资格准入标准的职初教师，直接的参考依据就是当时还未公布的《幼儿园教师专业标准（试行）》。实际上，这套书是对幼儿教师教育课程在实践层面的提升性重组。

在内容整理上力求精练实用。构建了全书的体系后，具体任务就落在了分册主编的肩上，因此，在分册主编人选上我们要求他既能高屋建瓴，又能通晓一线，并力求能在教改前沿和一线工作中融会贯通。对每分册的内容，关键是要提炼出核心的东西，并以一线工作为线索贯穿起来。尽力做到：讲理论要通俗，讲实践要实用。空话套话不讲，提炼核心要素。

在形式表现上力求可读、亲切。可读性不应成为出版物追求的重要目标，或者说这只是文字呈现的技术问题。但不知什么原因，没有可读性的出版物确实不少，这是我们首先要规避的。但我们肯定要更进一步，还要给读者亲切感，这个亲切不是文字的技巧，而是立足实际、置身现场、保持对话、情感共鸣。概而言之，需要我们用心来做。

　　从 2011 年初启动到现在，历时近两年，终于有了收获，这是值得欣慰的。《给幼儿教师的建议》出版后，我们曾说"这是一个很好的开端，并会沿着这样的足迹继续努力"，这套书算是兑现了我们的承诺。我们要感谢各分册主编艰辛的努力，致力于沟通前沿和一线的"壁垒"；我们要感谢"大夏书系"这个一流平台，致力于挖掘深藏一线的教育智慧；我们更要感谢读者，致力于专业成长和生命质量的提升。当然，我们也深知面对成千上万读者的智慧，我们的能量是有限的。恳请读者指正！

朱家雄

2012 年 10 月

丛书使用说明

一、丛书的内容及体系

本丛书目前共有6册，分别为《幼儿教师专业成长》、《家园沟通实用技巧》、《幼儿教师如何做研究》、《幼儿园环境设计与指导》、《幼儿成长及发展个案研究》、《幼儿园活动设计与经典案例》。

本套丛书的内容基本指向了幼儿园教师所需要的全部专业素养，形成了一个完整的培训研修体系。

二、丛书的特色

不同于学院式的教师教育，本丛书不求逻辑体系的严密完整，不求专业理论的系统演绎。本着"从一线中来，到一线中去"的宗旨，从工作中提升，结合工作经验学习，应用于工作中。丛书语言通俗，结合案例，可操作性强，引导反思。

倡导参与式培训，无需培训者过多地解读丛书，受训者不是长时间的静听者，而是主动的参与者。在研读丛书的基础上，参与讨论，参与展示，参与反思。

丛书虽不能涉及幼教工作的所有方面，但提供了一个专业成长的载体，在这个基础上，通过参与式培训扩充构建在丛书骨架基础上的更丰满的幼教生活。

三、丛书的目标人群

这套丛书主要是为幼儿园教师全员培训开发的，以幼儿园教师身份参加各类培训的受训学员是本套丛书的目标人群。具体可包括以下类型：

1. 学前教育新政策背景下的各级幼儿园教师全员培训（国培、省培、市培、县培）；

2. 各种类型的幼儿园教师专题培训、研讨会；

3. 非学前专业背景幼教师资的岗前培训；

4. 在职幼儿园教师园本培训及自我提升学习；

5. 幼师生拓展学习及新手幼儿园教师入门学习。

四、丛书使用建议

1. 丛书作为专业读物，要保证必要的研读时间。未必要在培训现场大量研读，但可以选择某篇重点研读，作为讨论的载体。篇末有延伸与讨论的建议，可据此展开同伴或小组讨论，使此主题得到更全面的理解和阐释。这是常规型的参与式学习。

2. 丛书中比篇更大的单位是辑，一辑一般有相对集中的指向。可利用课余或较长的培训时间研读某辑，围绕某辑的主题讨论。讨论的结果以适当的方式交流、报告。这是任务稍重、要求较高的参与式学习。

3. 参与式学习也是在做中学，所以受训者要完成相应的任务。可有以下方式：

（1）个人谈体会，结合工作实际谈经验；

（2）同伴或小组讨论，以小组为单位交流汇报；

（3）基于读物本身的延伸，如对某篇的批判性讨论，改写或重写某篇；

（4）同题撰写自己的篇目，展现同一主题的多样性；

（5）同题撰写某辑，小组或全员分工，按照某辑主题，编辑完成和读物相一致的篇目；

（6）观摩或实践：到幼儿园现场的参与式讨论、学习。

4. 参与式培训不是简单的受教，而是积极自主的学习，并要有实际的成效。至少可通过以下方式展现成果：所有参与式学习与讨论的书面（电子）学习档案，以读物为标杆的、向发表水准看齐的个人写作成果，参训学员学习成果的集成。

张亚军

2012 年 9 月

序

走进幼儿园你会发现，每个孩子都是独特的个体，他们的思想、情感和兴趣独一无二。你会发现，当你讲一个故事或唱一首歌时，每个孩子的反应以及参与其中的方式各不相同。这种个别性，决定了教育活动要因材施教，教育创新无止境，这就需要教师不断研究具体的教育教学过程，研究儿童，不断地自我充实和自我更新。

从这个意义上说，教师的工作天然具有研究的因素。

然而，说起教科研，我们常常听到幼儿园教师这样的心声：教科研是高高在上的，一线教师没有能力做；教科研是锦上添花的，只要专门的人员做就可以了；教师每天扑在班级里，没有时间做，或者自己想做却不知道如何开展……

这样的误解来自我们对实践工作者和理论工作者的教科研任务及途径的混淆。作为实践工作者，从事教科研工作更为现实和重要的追求是改进工作，提高教学质量，提高自我，获得专业成长，而不是去揭示教育教学的一般规律和理论。"教师有研究的机会，如果抓住这种机会，不仅能有力而迅速地发展技术，而且将赋予教师个人的工作以生命和尊严。"研究是教师作为专业者的需要，是教师拥有专业自主权之保障！

幼儿园的教科研应该聚焦教育现场——发现问题，形成问题；立足教育现场——在行动中研究，在行动中学习；应用于教育现场——构建个人化、情境化的知识，形成行为改进模式。

教科研不是另起炉灶，而是融于实践！

教科研不是创造发明，而是问题解决！

教科研不是锦上添花，而是雪中送炭！

基于对实践工作者从事教科研的这样一种认识，我们力求呈现一本通俗易读的幼儿园教科研读本，立足幼儿园的教育教学实践，以幼儿园教师的视角来诠释日常教学生活中平实而温暖的教科研，用实践的温度去除方法的刚性；用教师视角拉近研究的距离，把教科研从艰涩遥远的虚拟语境还原到真实亲切的教学现场。我们的目的，不是让教师通过阅读本书成为教科研工作的专才，而是成为一名具有研究态度和自我成长意识的研究型教师，让教科研成为幼儿园教师自然的教育生活的一部分。

本书分为三辑。第一辑是"方法篇"，呈现了幼儿教师工作中常用的观察法、访谈法、案例研究法、问卷调查法、行动研究法、实验法等研究方法。这些方法与教师的教育生活密切相关，掌握这些方法能让教师具备研究意识。换言之，它们为研究幼儿、教师与孩子之间的互动、教师自身的教育行为的有效性而存在。第二辑是"团队篇"，展现了幼儿园教研活动中常见的四种教研模式：问题式教研、诊断式教研、课例式教研和沙龙式教研，展现了教师在专业成长过程中是如何借助团队的力量，实现加速成长的。第三辑是"成长篇"，展现了幼儿园教师在教科研中的收获和成长，她们有的是新手，有的是青年教师，有的是骨干教师，还有从保育员成长起来的优秀教师，在这幅群像中，你会找到自己的影子或者榜样。

苏霍姆林斯基说："如果你想使教育工作给教师带来欢乐，使每天的上课不致变成单调乏味的义务，那就请你把每个教师引上进行研究的幸福之路吧。"

本书的两位编者是大学同学兼室友，毕业后先后进入中国福利会系统的幼儿园从事教科研指导工作。在和幼儿园一线老师们十多年的共事中真切感受到了教科研给幼儿园教师带来的幸福感和成就感，因此希望通过本书与广大幼儿园教师分享这份幸福。

感谢中国福利会给予我们专业平台！感谢曾与我们共事，指引我们成长的老师和孩子们！感谢陪伴我们经历人生风雨的243姐妹们！

本书作者是宋庆龄幼儿园和中国福利会托儿所的教师，是她们的成长故事、专业追求激发了我们的灵感和激情。

　　感谢丛书主编朱家雄老师和张亚军同学，他们的鼓励和督促，让我们有了班门弄斧的勇气和忙中拾掇的勤勉。感谢李永梅社长的关心和李热爱编辑的审读。期待读者的指正。

吴玲玲　徐冰

2012 年 9 月

方 法 篇

阿里巴巴说："芝麻开门！"

藏着宝藏的大门打开。

幼儿园教师成长的过程中是否也有如此奇妙的咒语？

只要掌握研究孩子、研究教学的方法，我们也能实现成长

的芝麻开门。

观察法

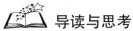 **导读与思考**

观察对于儿童之必不可少，正如阳光、空气、水分对于植物之必不可少一样。在这里，观察是智慧的最重要的能源。

——苏霍姆林斯基

教师首先是一个敏锐的观察者。她的目光像鹰一样锐利，但却充满柔情爱意。

——编者

你身处全体幼儿中时，会如何去发现个别幼儿的发展情况？

你在与个别幼儿互动时，会如何去观察其他幼儿的活动情况？

你会使用什么工具来帮助自己观察和记录幼儿的活动情况？

1. 走进观察法

观察，是最基本、最朴素的研究方法。

幼儿教师是一项实践性很强的职业。在教学现场，教师是实践者、操作者。遇到问题时，是首先思考"怎么办"（how to do），还是旁观并思考"为什么"（why it happens）？大多数教师的答案是前者。有趣的是，有关教师发展的研究表明，善于思考"为什么"的教师最终取得的职业成就显著高于仅仅思考"怎么办"的教师。奥秘在于后一种思考方式会促使教师放缓自己的节奏，花更多时间在"看"上，收集关于幼儿的信息。

所以，研究孩子从了解孩子开始，了解孩子从观察孩子开始。唯有潜心观察、客观记录、全面解读，才可能逐渐走进幼儿的世界，并知道我们应该采取怎样的行为。从某种意义上说，观察是幼儿园教师专业成长之源。基于此，本文结合幼儿教师的工作实践对观察法做一个概括介绍。

一、观察的前期准备

1. 确定观察内容

根据研究目标，确定观察内容，明确观察对象、观察目的，以及目标行为的操作定义，目标行为能否被观察到。通常，观察的目标行为应该具有两个特点：行为是可以在自然的情境中观察到的；行为发生的时候，可以被记录下来或者进行编码。

2. 确定观察策略

根据观察的目的、目标行为的特征、研究者自身的条件，合理选择观察策略。

一般来说，观察策略从广度上可以分为整体观察和局部观察。整体观察是指教师针对活动场地的整体布局和全班幼儿的活动情况进行扫描式观察；局部观察是指教师针对某一个幼儿的活动情况、某一活动区域或某套操作材料的使用情况进行跟踪式观察。

根据观察者是否直接参与观察对象的活动，可以分为旁观式观察和参与式观察。旁观式观察就是教师作为一个旁观者，观察孩子们的行为，聆听孩子们的交谈，但不参与活动，不给予任何指导和建议。参与式观察则是教师直接参与到孩子的活动中，并同时开展相应的观察。

根据观察是否有统一的设计、一定结构的观察项目和要求，可以分为随机观察、结构式观察和半结构式观察。随机观察是一种无预定目标、无准备的观察，适用于观察的前期阶段，以寻找和明确研究内容、观测指标；结构式观察是有目的、有计划的观察，能帮助教师（特别是缺少观察经验的教师）较容易地抓住观察的重点；半结构式观察，是随机观察向结构式观察过渡的环节，在这一过程中教师由被动地看变为主动地看，由无目标地看向有目标地看转化，也可以称之为"目标生成的观察"。

3. 选择记录方法

记录的方法有很多种，幼儿园教师经常使用的有以下三种。

● 描述/叙事法：用于收集开放性资料，在结构化和非结构化情境中都可以使用。可以根据事先计划好的活动或任务进行结构化记录，也可以在某一研究主题下，以随笔、日记描述的方式，记录被观察者独特的行为和事件。

● 表格法：通常用于记录幼儿的发展性进步，使用起来快捷、方便（如下表）。可以用来记录结构化活动，或自然环境下的常规活动和事件；可以在一段时间内反复使用，记录一名幼儿的发展，或者对一群幼儿的发展进行比较。使用表格法时，事先应该做好准备工作，明确观察目的。

小班幼儿发展情况记录表

幼儿姓名： 出生年月：		记录日期： 记录者姓名：		
	棒极了	好	加油	备注
在提醒下，饭前便后能洗手				
在帮助下能穿脱衣服或鞋袜				
能将玩具和图书放回原处				

● 取样法：根据研究目标，通过对观察对象、时间或事件取样进行观察的方法。具体分为个案取样法、时间取样法和事件取样法。

个案取样法是选择具有代表性的幼儿作为观察对象，使用一些符号在事先准备好的记录表上进行记录的方法，观察一般持续10分钟。

时间取样法是以一定的时间间隔为取样标准来观察记录幼儿的特定活动或行为的观察方法。在整个时间段内（如集体活动时段）每隔一段时间（如5分钟）做一次记录，可以用频次记录，也可以采用描述的方式记录。

事件取样法是以特别的行为或者事件的发生为取样标准进行观察的方法。当某类事件发生时，观察并记录下来，如幼儿发脾气或有攻击性行为时。

4. 形成观察表格

把观察格式化，可以保证所有重要和必要的信息都包括在内，通常观察表格要包含以下信息：观察者姓名、观察日期、观察对象信息（姓名、年龄、性别等）、观察的起止时间、观察目的和目标、观察的环境或背景、采用的观察方法或工具、结论、评价或建议。

二、实施观察

由于观察是伴随复杂的教学现象进行的，要注意选择观察对象并及时记录，必要时可采用现代设备，如录音机、摄像机、照相机等进行观察。

在进入现场进行观察前，要思考以下问题：①观察场所和工具是否准备妥当？②观察人员是否了解观察的内容、记录的信息？是否会使用工具？③被观察者是否处于适合观察的状态？

在进行观察时，要思考：①观察记录是否完整？②观察中是否出现意外情况？是如何处理的？③被观察者是否意识到他们正在被观察？

记录时要确保观察资料符合以下要求：①系统、有逻辑——记录资料的顺序是否和事件发生的顺序一致？观察过程中是否使用了事先设计的表格？填表的方式是否正确？收集到的资料是否涵盖了要求的所有领域？他人是否能识别你的笔迹？是否记录了日期和开始的时间？是否说明了观察的总时间长度？②详细——你的观察是否围绕目标进行？是否记录了足够的事实信息以便他人理解？是否存在不明确之处？③真实、准确——是否如实记录了所发生的事情，或者说是否记录了你对所发生的事情的猜测和想象？④无主观判断、无偏见——你的观察资料中是否包含带有偏见的陈述或自己的主观判断？

三、资料整理

获得第一手资料后，要及时加以整理、归纳和统计，得出结果，以便进行研究，做出评价和提出建议。

第一步，整理原始的观察记录，以确保资料的准确性和完整性；

第二步，对原始资料进行编码、分类；

第三步，确定分析工具和框架；

第四步，量化处理。

（吴玲玲）

2. 观察记录，新教师了解孩子的好帮手

作为一名新教师，我常常面临这样的情况：每天能捕捉到孩子零散的表现，发现一些问题，但等到孩子离园想和家长交流的时候，却发现很多事情都已经忘记了，只能笼统地告诉家长"孩子蛮好的"；或在某个活动中，对孩子作了较普遍的观察，但活动结束时却评价不出孩子的特点，甚至忘了某个孩子刚才玩了什么。

由于经验和水平有限，我对孩子的一些有价值的言行缺乏观察记录，对发现的问题缺乏判断和评价的能力，为了更好地增加经验、提升水平，我请了笔和纸帮忙。

例如，在进行区域活动时，我会在笔记本上对孩子的操作情况进行记录，其中既有具体内容——"××玩了××，成功（或是未完成）"，也有个人思考——"××可能太急于完成，所以橡皮泥未搓圆"；既有大致记录——"今天××材料有×个人玩过"，也有细节记录——"××今天用了'五彩缤纷'这个词"。

虽然一项项记录是零散的，但它们可以有效地帮助我针对幼儿的情况及问题有目的地进行区域讲评；在与家长交流时，也可以较为详细地描述孩子在园的学习情况。

至于对记录的梳理，对我的帮助更大了。

首先，对记录的梳理使我了解了孩子对各个区域材料的选择情况，为区域材料的替换或改善提供指导。

如区域材料"分汤圆"，通过观察记录我发现大部分孩子已经能很好地完成数字1—5的按数取物，于是我及时添加了数字6—8的点子卡片，让孩子接受一定的挑战。

其次，对记录的梳理使我发现了孩子在操作过程中存在的问题，便

于将孩子的整体发展情况贯穿起来,指出不足之处并提出改进策略。

在美工活动中,我发现某个孩子在用棉签作画时不是点画而是随手一涂,根据平日的观察记录可以发现,她的问题不是对工具的控制能力弱,而是由于性子急,所以,解决途径在于提醒她慢慢画、认真画。

再次,对记录的梳理使我知道了幼儿在某一方面的持续发展过程,看到了个体在与材料互动过程中的成长。

在早期的观察中我发现,某个孩子对剪刀的控制能力较弱,尤其缺少跟随图形"转弯"的意识,于是我先为他提供方形图案,记录他的完成情况,然后过渡到圆形图案,再过渡到不规则图形,直到他能较好地剪下不规则图形。

这些都是我使用记录法之后尝到的甜头,对我这名新教师而言,这是观察、了解、分析孩子的一条很有效的途径。所谓"好记性不如烂笔头",记在纸上继而记在心里,让我面对孩子时更有自信和把握。

(骆效瑜)

3. 教师在幼儿自主活动中的观察策略

依据观察的目的、内容和方法，教师常用的观察策略分别可以分为整体观察和局部观察，参与式观察和旁观式观察，结构式观察、半结构式观察和随机观察。

一、整体观察和局部观察

1. 整体观察

整体观察是指教师针对活动场地的整体布局和全班幼儿的活动情况进行扫描式观察，通过观察对整个活动的场面有大致了解。整体观察能帮助教师了解全班幼儿学习兴趣的不同之处，比较幼儿发展水平的差异，分析幼儿表现出的不同学习方式以及在活动中的情绪，等等。整体观察中，教师一般会偏重于对活动常规的观察，例如幼儿是否遵守约定的活动规则，活动区人数的分布是否平衡，结束某项操作时是否做到物归原处，合作中是否发生了争吵，等等。另外，整体观察使教师很容易对整个活动的进程心中有数，把握活动场面，合理安排每一个环节。

2. 局部观察

局部观察是指教师针对某一个幼儿或某一活动操作的内容进行跟踪式观察，通过观察对事态发展的每个细节都有详细了解。局部观察中，教师注意的对象可以是能力特别强或特别弱的幼儿，可以是新投放的操作材料，也可以是和最近的教学目标紧密相关的活动内容，还可以是在问题情境中幼儿的思考、探索和创造行为等。

3. 适用时机

实践中上述两种观察方式是相互结合、穿插运用的。活动开始时，幼儿纷纷寻找自己感兴趣的活动内容，经常出现的问题或者是常规方面的，或者是由于对材料的操作方法不清楚，或者是由于自己的活动目标不明确，等等。此时，需要教师给予帮助的范围很广，几乎涉及每个角落和每个幼儿，但不需要教师长时间的指导，采用整体观察的方式是最适合的。活动结束时和开始时的情况相同，教师的目的在于了解大多数幼儿的活动，以便确定结束的时间，特别是注意到个别幼儿的活动进程，让他们有结束的心理准备。

在活动进行的过程中，孩子们专注于活动内容。此时应把更多的精力放在局部观察上。了解个别幼儿的活动状况，对新投放材料的适宜性进行检验，对近阶段幼儿的热点问题跟踪观察或寻找新的热点等，都离不开深入细致的局部观察。局部观察是自主活动中观察的重点，占用的时间较多，观察的内容也更丰富、更有价值，往往对活动后的集体讨论以及目标、材料的调整具有举足轻重的作用。

可见，整体观察和局部观察在时间的分配上是有一定的规律的。在活动的开头和结尾教师多采用整体观察。中间部分虽以局部观察为重点，教师也要不失时机地将整体观察贯穿其中。

二、旁观式观察和参与式观察

1. 旁观式观察

旁观式观察，顾名思义，就是在自主活动中教师作为旁观者，观察孩子们的行为，聆听孩子们的交谈，但不参与活动，不给予任何指导和建议。这种观察比较容易捕捉到孩子们最真实的想法和创意，了解到孩子们真实的发展水平。对教师而言，既可收集信息，又有充足的时间进行判断、分析和思考，特别是遇到教师自己也无法确定的问题时，不需要当场给予指导，可以在活动后，设计更合适的方案支持幼儿的活动，这对提高教师指导的质量有很大帮助。

2. 参与式观察

参与式观察，是相对于旁观式观察而言的。活动中教师除了观看幼儿的活动，还会给予一些指导、建议，需要时教师可以是幼儿的合作伙伴。教师运用这种观察方法可以比较深入地了解幼儿的活动动机和意图。通过直接的沟通、交流，把握幼儿在活动中的兴趣点，帮助幼儿克服难点，培养幼儿的意志品质，增进幼儿与教师之间的感情等。当然，不能把参与式观察完全等同于活动指导。教师站在观察的立场参与，目的是观看幼儿的表现，而不是要求幼儿按教师的意思进行活动。因此，把握好观察中参与的程度，是对教师的一种挑战。

3. 适用时机

一般来说，一种新材料刚投放时我们采用旁观式观察，通过观察了解材料的适宜性、孩子对材料的兴趣、操作中的难点，然后调整策略，具体包括丰富材料、给材料分层次、进行集体教学等。运用旁观式观察的同时，我们经常会采用参与式观察，因为有时看不懂孩子的动作、表情意味着什么，有时孩子遇上困难需要帮助，教师可通过和孩子对话，进一步了解深层次的问题。从这两者之间的自然转换可以看出教师的教育观念和教育技巧。

三、结构式观察、半结构式观察和随机观察

1. 结构式观察

所谓结构式观察，可以理解为一种有目的、有计划的观察，在幼儿进行自主活动之前，教师根据前一阶段的活动情况确定观察的目标、内容，这是一种有准备的观察方式。采用这种观察方式时，一般在活动之前教师对全班幼儿的发展水平、教室内的操作材料（尤其是那些幼儿特别感兴趣的东西）、最近幼儿关心的热点等都了解得十分清楚，对于活动中的观察内容和重点也早有计划。由于结构式观察是有计划的观察，教师对活动的过程和结果都有预见、推断，所以结构式观察有时像计划实

施后的检验，有利于教师调整计划和目标。当然，在观察的过程中教师也要不失时机地给予幼儿适当的指导，使活动朝着目标推进。

结构式观察能帮助教师较容易地抓住观察的重点，特别是对于缺少观察经验的教师，事前计划能在一定程度上避免观察过程中可能出现的忙忙碌碌却无所作为的情形。结构式观察对区域活动中孩子们共同热点的推进也具有积极的作用。在结构式观察中教师处于完全主动的位置，对观察对象主动出击，但也容易出现守株待兔的现象，观察中的思维也容易被预计限制。

2. 半结构式观察

半结构式观察，是随机观察和结构式观察相联系的过程，是两者相结合的产物，它往往发生在活动的现场。我们常有这样的经历：教师在活动现场随便看看，发现了一些东西，而此时孩子们兴味正浓，教师就本能地对其进行注意，开始观察，并在事态的发展中就观察的现象进行分析、提出问题，有时也会参与其中探个究竟。除了好奇心的驱使，教师更希望酝酿出观察的目的，从而采取有效的手段支持活动的进行。半结构式观察是随机观察向结构式观察过渡的环节，教师由被动地看向主动地看、由无目标地看向有目标地看转化，也可以称之为"目标生成的观察"。

3. 随机观察

随机观察是一种无预定目标、无准备的观察。教师不熟悉活动的操作材料，不了解班级中幼儿的发展水平，不清楚最近幼儿活动的热点问题，不知道前一次活动中幼儿的表现等，都可能是教师无法确立观察目标和内容的原因。但随机观察并非消极、被动的观察，积极运用这种观察，往往也会有意想不到的收获。

随机观察不是走过场，教师应当借此时机了解幼儿的发展水平，寻找观察的重点，挖掘活动中的热点问题，将无目标的观察变为有目标的观察。看似被动，其实在观察的过程中教师始终处于主动的位置，正因为没有内容、目标，教师才能将更多的时间放在更多的观察对象上，有时观察对象是某一个幼儿，有时则是操作材料。观察的对象经常变化，观察过程中教师的思考也一刻不停，需要不断比较、筛选，因而观察活动很有价值。

4. 适用时机

随机观察和结构式观察看似对立，但从目的和作用上看又是相互联系的。无目的的随机观察是有目的的结构式观察的前提，为结构式观察搜索和提供具体内容；有目的的结构式观察又将活动不断向前推进。就一次具体活动的观察而言，结构式观察与随机观察是交织在一起的，而半结构式观察则体现了这两种观察之间的转换。

我们可以通过一个角色游戏的例子进一步加以说明。角色游戏开始时，教师常采用随机观察的方法，因为游戏活动没有近期目标，只有宏观目标，又具有很大的随机性。但随着游戏主题的深入，教师的观察不会仅仅停留于表面，于是结构式观察、半结构式观察会交替使用、互相转化。

（潘燕　林萍）

4. 教师如何提升区域观察能力

一、观察计划从粗到细

观察可以提供给教师有所为和有所不为的实际依据，教师事先制订观察计划尤为重要。

在每次观察诊断活动前，教师都需要提交观察计划，陈述观察重点以及预设的指导内容。刚开始，教师的观察计划往往粗枝大叶，或者繁琐、缺少重点。具体表现为对观察重点的表述缺乏针对性。例如语言区的一套材料"我和朋友游上海"，教师将观察重点定为"幼儿独立操作，在老师的帮助下丰富表达内容，完成材料后能够做好记录"，并没有具体描述出幼儿在材料操作中可以挑战的目标是什么，这恰恰是造成教师观察无目的、指导缺乏可操作性的主要原因。我们可以看到很多教师把观察关注点指向结果的达成，在研讨反思时，对孩子的操作过程描述甚少。

对此，在几次研讨活动中，我们都帮助教师重点分析如何制订一份具有指导意义的观察计划。比如美工区"上海滩服装店"材料，教师原来的观察重点为"幼儿能根据图示进行操作，完成后能够整理自己的桌面，保持美工桌的整洁"。这几乎适用于所有美工区操作的观察。研讨后，我们建议改为"观察幼儿在服装细节表达上的差异，了解幼儿对老上海服装已有的知识经验，为后期信息以及材料的调整、丰富提供依据"。诊断教研，减少了教师在制订计划过程中的盲目行为，观察计划从粗到细，可操作性更强。

二、观察行为从随意到有意

教师在进行区域观察时，最初往往是无目的观察和被动观察，当有观察意识时，又常常为观察而观察，对于观察信息缺乏主动分析和应对的意识与能力。每个观摩者在活动中所做的"区域观察诊断记录"可以帮助教师筛选有效信息，使教师的观察行为实现从随意到有意的转化。

在集体诊断研讨的过程中，被诊断者自评以及与其他观摩者之间的互动，也是帮助教师明确行为意义、促使观察行为从随意到有意的有效措施。教师们交流时，通过对比自己与他人的观察记录，能够了解哪些是有效信息。被诊断教师的一些无意或下意识行为经其他观摩者分析，变得更为明晰。分析哪些观察信息是有效的，观察的站位是否适宜，观察后介入指导的时机是否适宜等，对于教师自我行为的调整与巩固起到了推进作用。

经过观察诊断我们发现，被诊断教师每次区域活动时，会放一支笔和一个小小的便签在兜里，以便随时记录幼儿的操作情况。幼儿遇到一个操作问题，教师会先在旁边观察，从容地对幼儿已有水平进行分析，而不是急于指导。教师从随意观察到有意观察的转变，提高了对观察区域的全局把握能力，加深了针对观察计划中明确的重点的观察。幼儿使用新材料的频率、各区域操作的幼儿人数、热点材料的持续时间等以前常常被缺乏经验的教师忽略的数据和信息，都被放大并收集起来。这有利于教师对幼儿个体的水平把握和整个区域活动的设计。有意观察活动中的有效记录也改变了教师固有的工作习惯，促进了教师整体教育行为的形成。

三、观察信息从凌乱到有序

有些教师由于观察经验不足，往往匆忙奔走于教室，以致观察信息的捕捉和汇总凌乱无序。比如：

- 频繁进出区域，缺乏孩子操作的过程信息；

- 当不同孩子操作同一套材料时，关注了每个孩子的达成度，却没有关注不同孩子操作材料的差异，把握的只是表面的操作信息，知其然而不知其所以然；

- 重点关注某一个孩子，忽略了群体的信息；

- 对于孩子的学习特点缺乏持续关注，讨论时常常就事论事，缺乏前因后果的分析。

在研讨过程中针对每个观摩者的观察记录进行分析，共同筛选有效信息，可以使观察目的更为明确，对观察信息的把握更为有序。

- 了解孩子的最近发展区，观察孩子的兴趣所在，如孩子对投放新材料的反应，孩子能否将旧材料玩出新意；

- 分析孩子的不同学习方式，把握不同类型孩子在区域学习中的状态；

- 关注孩子的问题解决过程，从而把握材料的层次性；

- 关注孩子的同伴互动情况，了解孩子的合作交往水平；

- 关注游离状态的孩子，分析原因所在。

另外，提供一些小窍门，以提高教师的观察效率。

- 个别观察时，避免背对群体，在重点观察的同时可以通过扫视的方式了解区域活动的整体信息；

- 分析判断孩子的求助需要，鼓励孩子自己解决问题或向同伴求助；

- 教师在区域转换指导的过程中简单巡视，从而把握更多的整体信息。

四、观察策略从零散到系统

在集体诊断研讨的过程中，幼儿园要注意调动园内不同学科领域的优势资源，有意识地将有经验的教师分配到对应区域进行观察诊断活动，充分发挥他们的学科优势，有效收集相关信息，为教师提供信息反馈。这样，幼儿园的优势资源得以整合，教师既能得到专业的观察信息与分析，又能得到有效的教育策略与建议，从而系统地整合教师们在此过程中总结的零散的观察策略。

　　例如，小班教师提出了区域观察记录的"大拇指"策略，根据区域活动操作结果给孩子实时发放写有行为描述的"大拇指"，既肯定孩子的操作结果，同时也帮助教师掌握孩子区域操作的信息。"大拇指"成为适合小班幼儿年龄特点、深受小班幼儿喜爱的区域活动记录方式。在集体诊断过程中，教师们就提出这一策略非常适合小班的孩子，但是，到了中、大班，如何更好地发挥孩子的主动性，使之参与到观察记录中呢？中、大班的教师也开始了实践探索，逐步推出了"中班幼儿不同载体表现形式结合自主记录"、"大班幼儿自主制定区域活动计划表"、"大班幼儿表格式自主记录"等策略，使区域活动观察记录这一方法逐步完善，教师的观察策略从个体实践到达成共识，从零散到系统。

（朱素静）

5. 在观察中走进幼儿游戏

　　游戏是幼儿自主自发、满足自身需要和兴趣的活动。观察则是走进幼儿游戏世界，读懂他们的生活经验、能力兴趣的起点，还是提供适宜的指导、支持，从而促进幼儿发展的起点。

　　在大学时，我就对幼儿游戏有着浓厚的兴趣。在游戏专家华爱华老师的帮助指导下，我开始对幼儿游戏进行深入观察和研究，完成了我的毕业论文《影响角色游戏"娃娃家"主题情节复杂性的因素研究》，这是我踏上科研之路的一个重要起点。步入工作岗位后，实践让我对这一问题有了进一步了解。

一、量的观察：影响角色游戏"娃娃家"主题情节复杂性的因素研究

1. 研究背景

　　角色游戏是幼儿运用模仿、想象，通过扮演角色，创造性反映现实生活的一种游戏。鉴于"娃娃家"游戏是孩子最早开展并贯穿整个幼儿期的游戏主题，选择这一主题进行研究，能够比较典型地反映整个角色游戏主题情节的一般特征。

　　皮亚杰把游戏看成认知水平的表现形式，认为它具有"一种同化超过顺应的优势"。同化反映了幼儿的原有经验，这种原有经验又反映了发展的水平。在角色游戏中，原有经验正是反映在游戏情节的复杂性上，所以情节的复杂性可以表明幼儿的年龄差异和发展差异。

　　詹姆斯·约翰逊（James E. Johnson）在《游戏与儿童早期发展》中提到的游戏脚本隐喻是儿童游戏的一个新近观点。观察者通过脚本研究

儿童的戏剧性游戏，了解儿童的认知与语言发展。这一理论为本研究从幼儿游戏情节入手提供了观察的依据。

本文希望通过观察不同年龄幼儿的"娃娃家"主题中出现的基本情节，分析影响主题情节复杂性的因素，在游戏的观察和指导方面给教师提供建议。

2. 观察计划的确定

对各年龄班级的"娃娃家"游戏情节以事件取样法作自然观察。时间为30分钟，频率为每班4次，共持续2周。观察记录表如下：

表1 "娃娃家"主题情节观察表

观察班级：　　　　　　　　　　　　　　观察日期：

"娃娃家"活动人数：　　　　　　　　　　幼儿序号：

情节	事件	行为	装 扮 行 为			延伸或终止	真假转换
			参与角色	替代	交流语言		

3. 观察数据的分析

（1）游戏情节的分析

• 同一主题中情节的比较

表2　各年龄班级"娃娃家"游戏的情节数量和名称

班级	情节数量	情节名称
小班	7	烧饭、吃饭、照顾娃娃、打电话、过生日、照相、熨衣服
中班	8	烧饭、吃饭、照顾娃娃、打电话、购物、看病、睡觉、布置家
大班	12	烧饭、吃饭、照顾娃娃、购物、看病、请客、打扫、上班等

上表反映了情节的数量随年龄递增。从情节的内容分析，小班出现了中大班未出现的"照相"、"熨衣服"情节，但这些情节建立在实物呈现的基础上。中班增加了"布置家"、"购物"、"看病"。孩子会用椅子隔出房间，铺垫子做床，把娃娃家布置成他们喜欢的样子，孩子的自由度更大了。大班增加了一些与其他区域有联系的情节（如上班），情节更加复杂，情节的目的性和连续性更强。

• 相同情节下的事件、行为数量比较

表3　各年龄班级"烧饭"情节中的事件和行为数量

班级	事件数量	行为数量
小班	7	13
中班	10	18
大班	14	32

从上表看，相同情节下的事件和行为数量随着年龄而递增。小班孩子在"烧饭"情节中大都处于摆弄的水平，多次出现重复，目的性不强，情节不连贯。中班孩子在游戏中动作熟练，在烧饭时能边做边想。大班

在"烧饭"情节上的相关事件更加复杂，有摆餐具、拣菜、洗菜、炒菜、配菜等共14项，整个过程井井有条。在准备"烧饭"的过程中孩子会先想后做，有详细的步骤。

（2）角色扮演的比较

小班扮演的角色名称：妈妈、爸爸、姐姐、客人、阿姨。

中班扮演的角色名称：妈妈、爸爸、姐姐、弟弟、哥哥、宝宝、新娘子。

大班扮演的角色名称：妈妈、爸爸、大姐姐、小姐姐、弟弟、宝宝、医生、超市人员、客人等。

表4 各年龄班级角色扮演情况

班级	角色出现次数	机能性角色[①]	对应性角色[②]	关联性角色[③]
小班	25	13	12	0
中班	45	9	27	9
大班	60	9	38	13

注：

① 机能性角色：对角色原型典型动作的模仿，角色主要由动作或对物体的操作来表示。

② 对应性角色：一方的角色动作指向另一方角色，两个角色之间产生互补关系。

③ 关联性角色：一人承担多重角色，角色动作指向不同的角色。

观察中可以发现，角色的名称种类随年龄递增。这是因为随着年龄的增长，孩子的认知逐步丰富，对周围的关注度提高了，在游戏中体现为扮演的角色也越来越丰富。

从角色类型上分析，小班的机能性角色较多，孩子大多独自游戏。中班的对应性角色数量明显上升，且出现了关联性角色。在游戏中，孩子尝试着去交往和沟通，一起推动情节发展，比如，妈妈会和爸爸商量怎样照顾宝宝，但是也会经常发生交往冲突。大班中一人饰演多种角色的情形十分突出，孩子能身兼数职，游刃有余地在各个场合扮演。比如，"娃娃家"里的爸爸在隔壁的超市当保安，有时会陪妈妈去医院看病。孩子在游戏里面很清楚"我是谁"，"我在哪里"，"我该做什么"。

（3）替代物的使用

表5　各年龄班级的替代次数和替代水平

班级	替代次数	动作替代	模拟物替代	相似物替代
小班	26	6	17	3
中班	34	2	24	8
大班	28	2	23	3

从上表看，小班的动作替代比较多，小班幼儿并没有成熟的形象思维，经常用一些动作来完成替代：用手切菜，假装锁门。中班的相似物替代增加，孩子的以物代物能力提高了，在替代物与被替代物之间能寻找形状、功能等方面的相似点：用彩色塑料块代替"色拉"、"咖喱饭"。另外，孩子有自己制作替代品的需求：用扭扭棒做成"花"，用雪花片插成"蛋糕"。这时一些低结构材料的提供就变得十分重要，这有助于孩子扩散思维和延伸想象的空间，从而创造出更多新颖的情节内容。

（4）语言的分析

表6　各年龄班级的语言情况

班级	展开情节		叙述情景和角色	冲突纠纷
	独自	对话		
小班	9	6	4	1
中班	4	20	5	7
大班	3	30	8	3

从上表看，小班的孩子喜欢自言自语，描述自己正在进行的事情，对话较少，句子较短。中班的孩子对话次数增多，但不具备成熟的交往技能，交往中经常发生争执。孩子在游戏中经常因意见不一致和角色定位产生冲突。大班的多方对话较多，冲突随着沟通的深入而慢慢减少，创造性语言经常出现。另外，在运用语言模仿真实的生活场景上愈发逼真："今天烧的菜是我在书上看到的，很有营养。""孩子，好好出去玩，不要走丢了。"

（5）情节的延伸和终止

小班的情节大都是断断续续的，目的性不强，受到眼前物品的刺激而引发相应的游戏情节。中班出现一系列连续情节，但目的性仍然不强，只是尝试着做一些延续和联系。大班的情节连贯性、延续性和目的性较强，孩子很清楚地知道自己是谁，该做些什么，会为了达成目的去做某件事情。比如，姐姐问妈妈自己可否出去买东西，得到允许后便去商店购物，买完后回到娃娃家，送礼物给妈妈。大班的游戏有序地进行着，就像一部情节丰富的连续剧。

（6）真假转换

随着年龄的增长，孩子们在"娃娃家"游戏中，越来越意识到自己处在游戏中，并且与真实的生活进行对照。

例如，小班幼儿在"烧饭"时叙述自己的真实经验："我家里是阿姨烧饭。"中班孩子用空瓶子假装倒饮料，突然叫道："啊！这里面真的有水啊！"大班孩子在扫垃圾时惊呼："啊！我扫着扫着，真的扫出垃圾来了。"

小班孩子的真假意识较弱，处于延迟模仿的水平。而中、大班孩子则不同，"这里面真的有水啊"表明他并没有想要真的喝水，"真的扫出垃圾来了"表明孩子是假装扫地，并没有想到会真的有垃圾。

（7）影响游戏情节的各类因素

• 时间因素

表7 "娃娃家"角色游戏的时间和频率

班级	时间（分钟）	频率（次/周）
小班	30	5
中班	40	5
大班	45	3

孩子自发的游戏时间随年龄递增，发展水平越高，游戏时间应当越长。从上表看，老师提供的游戏机会在一定程度上反映了这样的规律。但这只是老师规定的游戏时间，这个时间的安排能否满足幼儿实现游戏情节构思的需要不得而知。尤其是大班的游戏每周只有三次，情节如此丰富的角色游戏被一些学习活动替代，十分可惜。

● 老师指导的因素

老师一般以观察者的身份注视着孩子的游戏，但介入时机和方式各不相同。小班的老师经常会以客人的身份去娃娃家做客。中班的孩子发生冲突或游戏发展不下去时，老师可以参与其中，起过渡的作用。大班的游戏中，当孩子遇到困难想要放弃或有一定危险时，老师需要及时介入，给予适当的提示。

● 材料因素

表8　各年龄班级游戏材料的种类

班级	模拟物玩具	多功能材料	废旧材料
小班	15	1	3
中班	18	4	5
大班	20	2	6

从上表看，各年龄班级的模拟物玩具和废旧材料较多，多功能材料较少。中班的多功能材料为扭扭棒、雪花片、积木、彩色积塑，大班的多功能材料为积木、雪花片。可见，大班的多功能材料太少，在模拟物玩具和多功能材料的提供比例上存在一定问题，使孩子的替代行为受到限制，物品使用上形成定格，影响了情节的扩展。

在为期半年的游戏观察研究中，我不仅深入地了解了各年龄班级"娃娃家"游戏的情节特征，也在实践中发现教师在游戏中给予幼儿的材料支持和游戏理念是非常重要的。游戏是孩子自编自导自演的，所以要多给他们空间和时间，让孩子玩得开心，自主地发展。

二、质的观察：中班自主性游戏中教师回应策略的研究

步入工作岗位后，我开始尝试和搭班老师一起创设适宜的游戏环境，让孩子尽情游戏。另外，我用照相机捕捉幼儿游戏中宝贵的瞬间，尝试用不同的策略回应幼儿游戏中的变化。在中班时期，年级组确定了教研重点，并制定了游戏观察表格。于是，我尝试用游戏观察表进行记录。

表9 游戏观察表

记录时间：<u>2011.3.16</u>

观察对象	游戏主题	娃娃制药室
	案例故事	医院寻刀记
	游戏角色	医生

观察记录	思考与分析	回应或调整

小医院里的医生乐乐向我求助："蔡老师，你这里有没有刀啊？"我一愣："怎么突然要刀了？"原来乐乐和妞妞正在给一个娃娃看病。妞妞告诉乐乐："娃娃得了白血病，打针治不好，必须开刀。"乐乐找遍了医院，就是没有刀，于是来找我帮忙。我立即想到在彩泥盒里找一把塑料刀给孩子，可转念一想：如果告诉他们没有刀，他们会怎么解决呢？于是对乐乐说："哎呀，我这里好像也没有刀啊！要么你出去找找看？"
    乐乐听了我的话有些失落，但没有放弃。她走出医院，先到游戏区的百宝箱里寻找，没有翻到可以做刀的材料。接着她去了久光百货买刀，店员告诉她："这里没有刀。"她又来到"娃娃家"，看到妈妈切菜的刀，欣喜不已，提出向妈妈借用
	"给娃娃开刀"是幼儿在游戏中自己构思的情节。游戏中的主题情节产生一般有两种情况，一种是受模拟实物玩具的暗示，另一种是依据儿童的兴趣和意愿产生的。中班的孩子生活经验日益丰富，即使在没有材料刺激的条件下，也会构思游戏内容，自编自导新情节。正是兴趣的驱动，让乐乐锲而不	适时"刁难"，促进交往。
		    在我的"刁难"下，乐乐转换了医生的身份，走出医院的活动区域，先后到"百宝箱"、"百货店"、"娃娃家"、"小吃店"四个地方寻刀，并扮演了顾客等多重角色。在游戏水平上单一区域的平行游戏转换成了跨区域的联合游戏。在寻刀过程中，她遭遇了好几次失败，但不断改变自己的交往策略，从单刀直入要一把刀，到之后和厨师说明原因，商

续表

观察对象	游戏主题	娃娃制药室
	案例故事	医院寻刀记
	游戏角色	医生

观察记录	思考与分析	回应或调整
这把刀。可是妈妈说："不能给你，这刀我要切菜的。"再次失败后，乐乐还是没有气馁，又去小吃店找厨师商量："医院里有个娃娃要开刀，你能不能给我一把刀？"最后，厨师同意借给她一把玩彩泥用的刀。找到刀的乐乐手舞足蹈，马上回去向妞妞报告这个好消息："哇，我终于在小吃店找到了一把刀！"然后和妞妞一起进行了开刀游戏。	舍地完成了寻刀的任务。	量和请求，孩子获得了新的交往经验，也体验了解决问题的成功。当然，"刁难"是需要时机的，并不是在所有的情况下都要去为难孩子。如果这次乐乐没有找到刀，老师应及时介入，提供材料，否则"开刀"情节可能无法展开。

记录时间：<u>2011.5.17</u>

观察对象	游戏主题	车展——"不务正业"的车展工作人员
	游戏材料	废旧纸盒、积木
	游戏角色	车站工作人员

观察记录	思考与分析	回应或调整
随着上海车展的进行，孩子们提议在教室里开车展。班上的男孩子纷纷从家中带来汽车玩具、车模等，老师在教室一角铺上几块垫子，布置成了一个"车展体验区"，旁边的橱柜则成了"汽车展示区"。车展游戏一度激发了孩子玩汽车的兴致。但有一天，体验区的管理员乐乐不在门口卖票，而是用百宝箱里的积木玩起了搭积木游戏。只见她用不同大小的方块、圆柱体的积木搭起了类似一座桥的造型。我上前询问乐乐，乐乐告诉我："这是一个斜坡，我们可以在上面开汽车玩。"过了一会儿乐乐又向我要一块长长的木板做另一边的斜坡……又过了几天，汽车展区的讲解员铭铭抛下介绍的工作，从百宝箱里	幼儿在角色游戏中常常会出现各种构造行为，这种行为既包括基本构造技能的练习，又包括象征性的表现。对于年龄稍大的儿童来说，他们的构造行为正是为了实现角色游戏中所需物品或场景的替代，他们将用构造的结果进行角色游戏。车展游戏中的体验斜坡和汽车模型都是现成的，对于乐乐和铭铭来说，这些一成不变的材料已经不能满	游戏伴随孩子，材料服务游戏。 适当的材料会激起幼儿创造的火花，也让游戏变得更有吸引力。百宝箱的材料并不是一成不变的，老师要成为幼儿游戏的追随者和支持者，针对幼儿的游戏需要和材料使用，对百宝箱做动态调整。如在"车展"游戏中，乐乐在搭建斜坡时缺少相同长度的积木，我就补足各种规格的积木，以便幼儿搭建更复杂的场景。铭铭自制车模时，我也及时添加了一些大小适宜、形状各异的废旧纸盒，让铭铭做出的车模更加逼真。在调整材料时，可以进行这些方面的考虑：幼儿现在对哪些材料最感兴趣？最常用的材料有哪些？使用材料时有何想法？在当下热点情节中是否缺乏某些材

观察对象	游戏主题	车展——"不务正业"的车展工作人员
	游戏材料	废旧纸盒、积木
	游戏角色	车站工作人员

观察记录	思考与分析	回应或调整
找来了废旧纸盒，兴致勃勃地做起了小汽车。他告诉我，展区里缺一辆双层巴士，他要自己动手做一辆。	足其游戏愿望，他们有自发制作游戏玩具、创造游戏玩法的兴趣。因此，乐乐用百宝箱里的积木构造自己喜欢的斜坡，铭铭用百宝箱里的材料构造自己喜欢的车模。孩子沉浸在自己的构造行为中，并不代表他们没有进行游戏，而是为了让车展游戏变得更好玩。对于他们来说，这些都是游戏的需要，都有发展的价值。	料的支持？ 　　另外，在投放百宝箱的材料时，如果将材料全部投放在里面，会干扰幼儿，让他们无从下手。起初，百宝箱里的材料应该以幼儿常见常用的为主。当幼儿养成了良好的使用习惯且游戏情节日益丰富，老师可根据游戏需求和幼儿的兴趣逐渐添加材料。通常来说，多投放原始材料（废旧物品、自然物等）和结构材料（积木、花片等），可以促进幼儿动手，以满足游戏的需求。

记录时间：<u>2011.6.17</u>

观察对象	游戏主题	警察局
	游戏材料	管状积木
	游戏角色	保安

观察记录	思考与分析	回应或调整
警察局里，小警察戴上了警察帽巡逻，可是这似乎没有引起别人的注意。于是他问我："我看到警察身上都是带着枪的，蔡老师，你这里有没有枪啊？"我摇头，示意让他自己想办法。他在百宝箱里搜索了一番后，对一筐管状积木产生了兴趣。他把管状积木接在一起，一会儿工夫一把手枪别在了他的身上，他神气地向大家展示自己的武器，并开始四处巡逻，等待时机用手枪对付坏人。管状积木做成的枪立刻吸引了一群男孩的注意力。之后	"警察局"是最近的一个新主题游戏，男孩子当警察的热情都很高。大班幼儿已经有了清晰的角色意识，对警察这个角色的认知经验逐渐丰富，因而装扮也越发逼真。在游戏中他们不满足于戴一顶帽子的普通装扮，对警察的装备有更多的要求，而这些装备都需要造型多变的材料。百宝箱中的管状积木就是一种形状多变、玩法多样的低结构材料。管状积木组合而成的手枪、手铐、对讲机、警棍等装备，使孩子扮演的警察更逼真。另外，有了	赞赏创意，鼓励使用。 　　孩子在百宝箱里寻宝，可能是一段新情节的开始，也可能是一次替代表征的出现。老师在游戏过程中，不仅要用心捕捉这些瞬间并做记录，还要给予孩子充分的肯定，赞赏他们创造性地使用各种材料的做法，这样，孩子在游戏中的创意可能会越来越多。如在"警察局"里，孩子用管状积木变出手枪装扮自己，老师可选择时机，让孩子将个体的经验传递给大家，引起共鸣的同时激发更多灵感。老师还可以引导幼儿通过讨论拓宽游戏思路，例如，警察还需要哪些装备，可以用些什么材料做出来，管状积木除了做警棍，还能做些什么，等等。老师的认同和启发可以使幼儿的游戏涌现出更多新意。 　　另外，老师也要注意肯

续表

观察对象	游戏主题	警察局
	游戏材料	管状积木
	游戏角色	保安

观察记录	思考与分析	回应或调整
几天，孩子们用这样的积木组合出了对讲机、充电器、手铐、警棍、机关枪等，并带着自己的新装备开始工作。	这些装备之后，游戏更为丰富和精彩，"抓小偷"、"对讲呼叫"、"值班"等有趣的事情天天都在发生。	定孩子使用百宝箱的自主意识，规范使用百宝箱的良好习惯（按类取拿、物归原处、爱惜物品、不浪费等）。

　　对幼儿游戏的观察记录，反映了幼儿某个时期的游戏兴趣和水平，也见证了幼儿的游戏智慧。从教研组的研讨中，我学会了如何通过一系列行为看待孩子的发展，如何对待游戏中的冲突，如何巧妙地回应问题，等等。可以说，游戏不仅让孩子成长，作为观察者的教师也在一次次的案例分析中不断提升，并且更确定了"让幼儿成为游戏主人"的游戏观。

（蔡璟烨）

访谈法

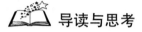 **导读与思考**

交换一个苹果，你得到的还是一个苹果。交换一种思想，你将得到无数思想。

——［英］萧伯纳

言为心声。通过语言交流，人们可以表达自己的思想，不同的人可以达到一定程度的相互理解。通过提问和交谈，人可以超越自己，交融建构出新的、对双方都有意义的社会现实。

——编者

在日常教学中，你经常会和谁对话？

在与他人的对话中，你是否会有所收获？

你是否曾经有目的地与人对话，以获取信息？

1. 走进访谈法

幼儿教师常常要与人交谈，以便了解幼儿的相关情况，进而给予有针对性的教育。可以说教师每天都在自觉或不自觉地运用访谈法，了解幼儿、家长、同行等人对某事、某物的所思所想和情绪反应，了解他们生活中曾经发生的事情，他们的行为所隐含的意义，走进他们的内心世界，了解他们的心理活动和思想观念。那么，使用访谈法都有哪些注意事项？又有哪些步骤？每个步骤的要求是什么？下面，将对此做概括性介绍。

一、访谈的前期准备

1. 访谈对象的选择

其一，要保证访谈对象的代表性，访谈前尽可能了解访谈对象的有关情况，如年龄、职业、经历、爱好等；其二，选择健谈的被访者；其三，访谈内容要符合被访者的兴趣；其四，具有一定的人际距离，有助于受访者坦率地发表自己的看法。

2. 访谈提纲的编制

在制定访谈提纲时，问题要紧紧围绕研究目的。根据研究目的提出具体的研究内容，设计与研究内容相应的问题。设计的问题要通俗易懂，让不同层次的人都能准确理解。同时，问题要使被访者有足够的余地选择谈话的内容和方向，以保证了解被访者的真实想法。进行访谈时，可以因人、因具体情境调整访谈提纲的语言和提问顺序。

二、访谈的进行

1. 开场

途径：可以面对面交流，也可以通过电话、语音聊天等方式进行交流。

时间地点：遵循方便被访者的原则，确定合适的时间地点。

访谈工具：纸、笔、录音或摄像设备。

预热：与被访者打招呼，进行自我介绍，说明访谈的目的和内容，安排好辅助设施（录音、摄像设备等），告知研究的保密性。从被访者的工作、熟悉的事情、关心的问题、当前热点新闻等谈起，拉近双方的心理距离，创设融洽的访谈气氛。

2. 提问

简单的介绍之后，进入访谈阶段，开始正式提问。提什么样的问题和如何提问，直接关系到访谈的成效。

（1）问题的类型

问题分为开放型和封闭型两种。开放型问题常以"为什么"、"是什么"等疑问句形式出现。例如："您如何看待新课程改革？""您认为健康的心理包括哪些方面？"研究者提这类问题时，要充分考虑被访者的理解能力，确保被访者不会出现困惑。封闭型问题对被访者回答的方式和内容有较为严格的规定，一般只需要被访者回答"是"（"会"）或"否"（"不会"）。例如："你在生活中遇到难题，会向父母倾诉吗？"

一般来说，开放型问题适合文化程度较高的被访者，而封闭型问题则更适合文化程度较低的被访者。

此外还有一种具体问题，主要是询问被访者具体细节、说明事实的问题。例如："你回家后都做什么？""你业余时间喜欢读什么书？"

（2）问题的排列顺序

除了注意问题的类型，还要注意问题的排列顺序。一是问题应当从简单到复杂，从宽泛到具体，注意循序渐进；二是按照问题的逻辑性或事情发展的顺序来问。提问时要注意自然过渡，一般可以用类似"您刚才说到……那么我想了解……"的句式，使问题导入变得自然。研究者应注意倾听被访者的话语，将其之前所谈内容的某一点作为导出下一个问题的契机。

（3）提问时应注意的问题

● 对回答不做任何评价

研究者要对所提问题保持客观、公正的态度。如果被访者对问题会意错误，研究者可以在不给予暗示的前提下，重复问题或者做出进一步解释。尤其是涉及不同观点或者有争议的话题时，无论研究者是否赞同，都不宜做出肯定或否定的评价，只能做出中性的反映，例如"我明白您的意思了，请继续说"等。

● 保持被访者的访谈兴趣

被访者的合作是访谈成功的重要前提。当谈话的气氛趋于紧张时，研究者可以暂时转换话题来缓和气氛。

如果被访者厌倦回答问题或者情绪低落，研究者可以暂停访谈，稍作休息，待被访者情绪稳定后继续访谈。

3. 倾听

在访谈中，倾听也很重要，因为研究者只有通过倾听被访者的回答，才能切实了解他们的真实想法。倾听影响着回应的方式、内容，忽视这一点，研究者就会难以把握访谈进程。

（1）不要轻易打断被访者的谈话

这是一条非常重要的原则，也是对被访者的一种尊重。一般来说，被访者说话时都有自己的逻辑，虽然某些时候研究者可能认为被访者的谈话偏离主题，但被访者的表述一定有自己的目的。研究者一定要耐心倾听，不可存在厌烦情绪，不仅要注意被访者所说的具体内容，而且要结合被访者的身份特征，思考他这样说的目的和愿望是什么。

（2）把握沉默时机

在访谈中，经常会出现被访者因为不好意思、有意拒绝回答、思考问题等而沉默的现象。

如果谈话氛围融洽，进展顺利，被访者在某一问题上突然沉默下来，很有可能是因为他需要一定的时间来思考问题，组织合适的语言来表述。此时，很多研究者可能会认为是自己的问题不恰当导致了被访者的沉默，往往会为了打破僵局而立刻主动发话，以缓解内心的焦虑。殊不知，这样做只会打断被访者的思路，失去深入访谈的机会。为此，研究者首先要提高自己容忍沉默的能力。当然，某些时候研究者无法确定被访者长时间保持沉默的原因，可以试探性地用温和、友好的语气询问对方："请问您在想什么呢?"这样可以帮助研究者了解对方的心理。

（3）有感情地倾听

人的情感很容易产生共鸣。一般来说，如果研究者没有相应的情感表露，被访者也不会轻易表露内心的真实想法。所以，研究者在倾听的过程中应该明显表现出对对方的同情、理解、宽容，接纳对方的情绪体验。被访者往往会受到感染，感到自己的情感被对方理解，会比较自由地表达自己的思想和情感。

4. 回应

回应是指研究者对被访者在访谈过程中的言行做出的反应。回应的目的是使研究者与被访者建立一种对话关系，及时将自己的态度、意向和感觉传递给被访者。回应会影响被访者的积极性和谈话内容。

（1）认可

认可是一种比较简单的回应方式，是指研究者用简单的方式表示自己正在关注被访者的讲话，并希望对方继续说下去。具体包括语言行为，如"对"、"是啊"、"是吗"、"很好"等，还有点头、微笑、与对方拥有同样的面部表情等非语言行为。如果研究者在访谈中频繁使用这些方式，即使没有直接说出实质性的表示鼓励的话语，被访者也会感到自己被理解，从而愿意继续交谈。

（2）重复、重组和总结

重复是指研究者重复被访者所说的内容，以便引导被访者继续就该内容的具体细节进行陈述，同时检验自己对该内容的理解是否正确。例如，一位学生谈到自己每天晚上都要学习到 12 点多，研究者此时可以重复："原来你每天都学习到这么晚啊。"通常情况下，学生会接着说：

"啊，我每天都是……"由此引出更多学习细节。

重组是指研究者将被访者所说的内容换一种方式说出来，以验证被访者前后所说内容是否一致，或自己的理解是否准确无误。如上例中，研究者对这个学生的话进行重组，可以说："看来你每天学习都非常努力啊。"学生多半会说："是啊，我一直都是这样……"研究者的重复、重组内容符合被访者的个人意愿，被访者会感到自己被理解和接纳，从而更愿意进一步表露自己的真实想法。

总结是指研究者将被访者所说的内容用几句话概括出来，目的在于帮助对方理清思路，同时检验自己的理解是否正确。

这三者虽然形式不同，但作用却是一致的，都是研究者为了让被访者理清思路，检验自己对被访者所说内容的把握是否正确，同时表明研究者对被访者所说内容非常感兴趣，从而鼓励对方继续说下去。

（3）追问

追问是一种特殊的回应方式，是指研究者就被访者的回答中出现的某些事件、观点、概念、疑问等进一步询问，以达到深入了解的目的。

例如，一位教师谈到自己每天都很累，但没有说出具体情况。研究者就要进一步追问："您每天工作多少个小时？""家务事都由您自己操劳吗？"这样可以了解到"累"的具体含义。

又如，一名学困生谈到没人关心自己，研究者就要进一步追问："你父母都在哪里？是做什么工作的？""你现在和谁住在一起？"借此了解"没人关心"的具体情况。

（4）自我暴露

有经验的研究者会在适当的时机以恰当的方式暴露自己。自我暴露是指研究者就对方所谈的内容，通过叙述自己相似的经历或经验做出回应。这可以使被访者了解到研究者曾经有和自己类似的感受，从而拉近双方的心理距离，使访谈气氛轻松起来。但是这种自我暴露要注意时机，避免喧宾夺主。

5. 访谈幼儿的注意事项

幼儿年龄小，具有容易受暗示、从众，分不清想象和现实，对研究者的问题不回应等特点，所以深度、开放的访谈对于幼儿并不是很合适。研究者对幼儿进行访谈时，要注意以下三个问题：

第一，谈话的用词要简单易懂。幼儿理解抽象概念的能力有限，所以访谈的用词应该是幼儿能理解的。

第二，和幼儿建立良好的关系。幼儿在陌生人和自己感觉安全的成人面前，表达欲望和表现能力会有很大的差异，要取得良好的访谈效果，应当在访谈前与幼儿建立良好的关系。

第三，控制好访谈的时间。幼儿不理解访谈情景，注意力难以集中，每次访谈时间不宜过长。如访谈内容较多，可以分次进行。

6. 记录

访谈的目的是收集研究所需要的资料，而资料来自研究者的现场记录，现场记录的质量直接影响研究的最终结果。被访者同意接受访谈后，研究者要找一个利于交谈、便于观察对方行为和书写记录的位置，随即进行访谈。访谈过程中如果需要录音或录像，应先征求被访者的意见。一般来说，如果被访者没有异议，条件也允许，最好能对访谈内容进行录音或者录像。

（1）人工记录

一般来说，个别访谈必须是研究者亲自做记录；集体访谈，可以安排专人记录。现场记录主要是记录被访者所说的内容，也可以记录研究者在访谈过程中看到的东西，如访谈环境，被访者的行为、表情、反应等，还可以记录研究者自己在访谈现场的感受和体会。

用笔记录要注意速度，事后要及时进行整理，把内容补充完整，也不要一味埋头记录而忽视了适当的回应。

（2）机器记录

某些时候，仅凭研究者的笔记难以获得完整的谈话记录，为了获得更完整的信息，在被访者允许的前提下，可以借助一些辅助设备。使用辅助设备之前，要检查设备是否运转正常；如果是录音器材，要放在距离被访者近一些的地方，以保证音质清晰；如果是摄像器材，要放在被访者稍侧面的位置，不要放在正对面，以免被访者产生不必要的心理压力。

7. 非语言行为的运用

访谈过程中，交谈双方除了有语言行为，还有各种非语言行为，如衣着、动作、面部表情、眼神、谈话距离、沉默时间长短、说话的音量等。双方的非语言行为可以提供很多重要的信息，有力地反映被访者的情绪体验。

一般来说，被访者在说话的时候会表现出相应的非语言行为，如高兴时会笑，伤心时会哭。如果被访者的非语言行为与语言表述矛盾（如谈论痛苦的经历时，脸上却是轻松、开心的表情），这便为研究者验证被访者所说内容的真伪和了解被访者的人格提供了客观的依据。因此，在访谈过程中，研究者可以关注被访者的面部表情和肢体动作，同时做一些简短的记录。

研究者自己也需要学会控制表情与动作，通过各种表情和动作来表达一定的思想、感情，从而达到掌控访谈进程的目的。

● 研究者要会用动作中断谈话。如通过送水来打断被访者偏离主题的谈话。

● 研究者在访谈全程要表现出礼貌、谦虚、诚恳、耐心的态度。

● 研究者要表现出对被访者的谈话非常感兴趣，即使被访者的谈话内容与研究无关或被访者的语言表达能力不强。

● 研究者的表情要适应被访者的说话内容，要做到对被访者的喜怒哀乐表示出同感。

● 研究者既不能只顾低头记录而忘记回应，忽视被访者的存在，也不能一直看着被访者，使被访者感觉不自在。

8. 结束访谈

（1）把握好访谈的时间

一般情况下，被访者保持注意力的时间为：电话访谈 20 分钟左右，结构式访谈 45 分钟左右，集体访谈和无结构式访谈不要超过 2 小时。（郑金洲等著：《学校教育科研方法》，教育科学出版社 2003 年版）一次访谈究竟应该用多少时间，以不妨碍被访者的正常工作和生活为前提，根据访谈的实际情况灵活掌握。

（2）注意观察细节

研究者在谈话接近尾声的时候，除了要认真记录被访者的回答，还要注意观察被访者的情绪表现。如果访谈的任务已经完成，而被访者所说的内容与研究关系不大，研究者可以用委婉的方式暗示被访者结束谈话，例如"我想了解的就是您之前说的那些内容"，或者不用语言暗示，只做出访谈结束的姿态（合上记录本，整理访谈设备）；如果此时被访者仍就某个问题喋喋不休，出于尊重，研究者也应该耐心听完；如果被访者在结束阶段表现出疲劳、厌烦（说话语速迟缓、语调降低、频繁看表等），研究者也应该适时结束谈话。

（3）结束语

访谈结束后，研究者要对被访者的配合表示感谢。如果因时间关系或其他因素导致访谈没有完成任务，仍需调查，应该与被访者约定下次访谈的时间和地点，同时告知被访者下次访谈的大概内容，让被访者做到心中有数。

三、访谈结束之后

在访谈结束后，需要及时对资料进行整理分析。时间过长，研究者可能会对访谈时获得的感受逐渐淡忘，因此整理和分析访谈资料应该越早越好。

在对资料进行整理的时候，要注意资料是否按照原定提纲收集，收集的信息是否有效，能否说明一定的问题，提纲中的问题是否有遗漏。如果出现偏差，研究者不能仅凭主观认识做出判断，对于重要的问题应尽可能重新访问；如果无法补救，要把问题从材料中剔除。

对于采用结构式访谈获取的材料，可以采用统计的方法处理，将回答制作成表格来比较。对于采用无结构式访谈获取的材料，由于多为描述性的，不便进行量化处理，分析要尽量做到主次分明、条理清晰。

最后，根据研究目的，对整理分析后的材料进行综合分析，对问题进行深入论证，得出研究结论，撰写访谈报告（研究报告）。

（吴玲玲）

2. 研究性访谈：上海市幼儿园课程变革中的教师专业发展

一、研究背景

随着教师在课程变革中地位的凸现，教师专业发展成为课程变革成功的一个关键因素和重要表现。在课程改革者的眼中，教师是变革的实施者，教师专业发展是伴随变革出现的副产品。而在教育研究者的眼中，变革是教师发展的一个媒介，教师在参与变革中获得发展。在教师的眼中，变革是专业发展的转折点，而折向何方是个未知数。课程变革与教师专业发展成为一个硬币的两面，无论研究者还是实践者，都期望两者之间形成紧密的关系。

1984 年至 2005 年，上海幼儿园的课程变革此起彼伏，国家倡导的教育改革、地方的课程改革、国外教育思想与教学方式的引进等，都直接影响了幼儿园的课程与教学活动形式，对幼儿教师的专业发展提出了挑战。

基于此，本文试图通过访谈有代表性的教师，来揭示上海近 20 年幼教课改中教师的专业发展轨迹，从而探讨在课程变革中有利于教师专业发展的外部支持和教师的内部特质。

二、访谈对象的确定

本研究在研究对象的选择上考虑了以下 3 个要素：

1. 参与课程变革

由于本研究期望呈现教师在变革更替中的专业发展历程，而研究又涉及 4 次课程变革活动，时间跨度为 20 年，因而要求教师曾经参与 3 次以上本研究涉及的课程变革。

2. 教师层次

课程变革中，教师呈现出不同的专业发展水平。由于本研究主要是探讨变革中支持教师专业发展的要素，教师如何把握课程变革这个因素，从而实现自我的专业发展，为课程变革中的教师专业发展提供有益的参考，因而选择了变革中得到社会认可的优秀教师。通过描述其专业发展历程，揭示他们在课程变革中的共性与个性。

3. 与研究者真实的互动

真实是研究成功的关键，教师对自我专业成长的真实描述、对课程变革的真实认识、对变革中教师生活的真实感受，这些宝贵资料的获得都需要研究对象与研究者之间有真实的互动。因此，研究对象与研究者之间必须有一定的了解。

综合以上 3 个要素，本文最后确定了 3 个研究对象。

教师蓝：教龄 16 年，中学高级教师，曾是幼儿园学科带头人，目前为某民办教育机构的管理者，与研究者合作共事 4 年。

教师橙：教龄 17 年，幼儿园高级教师，上海市青年骨干教师和学科带头人，与研究者共事 1 年。

教师白：教龄 48 年，特级教师，长期致力于教学改革实践和教师培训指导工作。研究者曾跟随其多次参与教师教学活动。

三、编制访谈提纲

从 20 世纪 80 年代至今，上海的幼儿教育改革一直处于此伏彼起的状态。本研究涉及 4 次有较大影响，并促使幼儿园的基本教学活动发生改变的课程变革活动。

1. 综合主题活动

1984 年，陈鹤琴的单元教学和活动教育课程被重新提出，主张从幼儿身心发展和幼儿的需要出发，针对幼儿园语言、数学、常识、音乐、体育、美术 6 科分科教学教师过于中心化的问题，提出综合主题活动的教育形式，设计贴近幼儿生活和兴趣需要的主题，在不同的主题中综合学科内容。

2. 区域活动

20 世纪 90 年代中期，蒙台梭利教育法被引进并与陈鹤琴的单元活动结合，打破了幼儿园中集体教学活动一统天下的局面，开始了以区域活动为载体的个别教学。在班级内，根据不同的学习内容，划分不同的区域，提供相应的操作材料，教师通过对幼儿的观察、示范、指导，支持幼儿的发展。

3. 方案教学（探索型主题活动）

意大利瑞吉欧教育的兴起，使方案教学风行一时，主要内容为重视儿童的生成、表现与表达，对以教师预设为主的教育活动提出挑战，强调儿童的生成、教师的回应与支持，以及对儿童文化的尊重。在方案教学的影响下，上海市的六所幼儿园在市教委教研室的指导下，以"幼儿园探索型主题活动"为课题，进行了合作研究。探索型主题活动强调儿童自己的探索，让儿童在探索世界的过程中学习共同生活和自由地表现、表达。

4. 整合教育活动

"整合"是上海市二期课改中的一个重要理念，强调教师的大教育观，认为应从儿童的全面发展出发，一方面，在儿童的一日生活中尽可能挖掘相关的教育元素，为我所用，另一方面，在教学过程中强调多学科内容的整合运用，以实现儿童和谐、自然、全面的发展。

本着了解教师在课程改革中的专业发展状况的目的，本研究针对以上4次课改拟定了访谈提纲。

- 你从什么时候开始接触综合主题活动？
- 综合主题活动与分科教学有什么不同？
- 你实施综合主题活动时有没有什么困难或障碍？
- 你是什么时候开始开展区域活动的？
- 你的区域活动研究是如何开展的？
- 开展区域活动，对你的主题和分科教学有什么影响？
- 你是什么时候开始接触瑞吉欧的？又是如何看待瑞吉欧的？
- 你如何看待二期课改的整合教育？
- 在变革中你认为什么对你的专业发展是最有帮助的？
- 你怎样评价在教育变革中自己的专业发展？

附录：

橙的故事

教师橙有着17年的教学经验，是上海市青年骨干教师、学科带头人。我戏称其为"根正苗红"的"叛逆者"。因为她一直在上海市大的课程变革背景中，在市教研员、特级教师等的引领下成长，但对变革总有自己的声音。

一、一板一眼的教学

橙进入单位时，正赶上综合主题活动的推广期，而且单位是综合主题的实验园，所以刚入职，她就进入了区里的集体备课组，参与主题活动的设计和实施。

> 我每个周末都要去参加集体备课，那时基本上是教研员们把主题设计好，一节课有大致的框架，我只需把计划记下来并付诸实施。当时自己没有太多的想法，对教研员充满崇拜，回去落实时出现问

题，也往往觉得是自己缺乏经验。

工作两年后，由于个人原因，我在另一所幼儿园待了一年。那里不是实验园，我的搭班是个有着十几年分科教学经验的老教师，所以我又开始了分科教学。在那里有个老教师专门教我音乐教学技能。那是我比较迷茫的一年，自己对综合主题教学没把握，分科教学也显得杂乱无章。

一年后，我又到了另一所实验园。在那里，我们园长、一个特级教师，手把手地带教主题活动的实施。当时带教的重点还是主题活动中的集体教学。这位特级教师要求特别严格，对上课时老师的每一句话、每一个提问，包括每个教具的摆放，都有非常细致的研究。我从她那里学到最多的就是针对不同水平的孩子提出不同的问题。掌握这些教学基本技巧之后，我带班也开始顺利了。

作为新手教师，橙很幸运，在成长的初期打下了坚实的专业基础。但对于综合主题活动，橙认为自己只是机械的实施者，并没有产生太多兴趣。

我是一个喜欢变化、喜欢创造的人。主题活动中一板一眼的教学我并不喜欢。

二、我有我的风格

在谈及专业发展，橙非常强调自己的风格，而这一风格的形成，并非来自她工作初期的综合主题活动的实践，而是来自对角色游戏的研究。

在工作的第四年，我开始进行角色游戏的研究，这是对我至关重要的一个成长环节，我开始在这个过程中形成自己的风格。当时区里要开展"角色游戏中教师作用"的研究，让我进行尝试。有两位区里的教研员定期来观看我的角色游戏。他们往往只给我一个方向，让我自己表达。我的风格正是在角色游戏的讲评中形成的。在讲评中我可以随时把握孩子的信息，与孩子进行交流，没有预设的束缚，孩子也可以随意表达。我很庆幸那两位老师能容忍我个性的一面，不仅没有指责，反而给了我很多肯定，让我能真正凭感觉去做。这种对孩子放手的风格后来影响到我对区域和探索性主题等活动的实施。这项研究最后结题也改变了方向，从研究教师作用转向了角色游戏中孩子象征性思维的发展。

我记得有一位教研员在培训教师时最爱举我的一个例子，而这个例子也很能反映我的风格。在一次角色游戏中，娃娃家的孩子提出要结婚，他们把桌上所有的餐具一下子全都倒到地上——我没有制止，然后一群孩子扛起桌子就开始在教室里转，一边走一边喊："抬新娘子喽！抬新娘子喽！"我乐呵呵地跟在后面观看。一会儿，孩子们四散开来。我这时候把孩子全都叫回来，说："你们看呀，地上都是东西，新娘子回来肯定伤心死了。而且过一会儿蚂蚁、老鼠、蟑螂肯定都跑出来了，新娘子要被吓跑的。"我这么一说，孩子们立刻动手把地上的东西都收拾好。这种对孩子行为的等待与认同是下意识的，未经深思熟虑，但教研员们肯定了我的做法，觉得可以让孩子按自己的想法做事情，在游戏中形成自己的习惯，这促使我朝这个方向走下去。

不得不再一次说橙幸运，能遇到赏识自己的伯乐，知道自己最想做的是什么。正如橙所说：认同孩子，给孩子自我表达的空间。这一教学风格对其专业发展起着决定性的影响。

三、"像小工人、小农民，好辛苦！"

1996年，在工作的第七年，橙接触了蒙台梭利的区域活动。在园长和区教研员的支持下，成立了试点班，开始探索区域活动这一新的教学模式。

蒙氏的区域活动还是比较一板一眼的，规矩多。第一年我基本上按蒙氏的概念进行区域活动。但我不太喜欢，我辛苦孩子也辛苦。而且，从热热闹闹的角色游戏一下子转到区域活动，我觉得反差大，很不习惯。这些规矩大人都不一定能遵守，却要小孩子去遵守，太难了。但这一年下来，孩子养成的习惯确实不错。区里要求我进行推广。那时有许多人来观摩我的区域活动，还记得有位专家对我说：

"你们班的孩子真可怜，像小工人、小农民，好辛苦！"这让我感同身受，决定要有所改变。

于是，我开始设计让孩子看得懂的材料，让孩子自己去学习。同时我把角色游戏中开放的讲评也加入区域活动，让孩子们自由表达、讨论对材料的不同玩法。在这一过程中，孩子越来越放得开。

当时我们幼儿园和区里另一所幼儿园正合作开展区域活动的试点研究。我们四位老师两个一组，每组带一个平行班，定期交流。由此我们真正进入到设计阶段，设计让孩子喜欢玩的材料。

1998—2000 年，活动区开始推广，我的工作重点随之转到材料设计和交流讲评上。

橙对蒙台梭利区域活动中被众人推崇的"孩子有好的常规"这一特点，一直有不同看法，她认为中国的文化强调成人对孩子的控制，过于强化"乖小孩"的角色概念。成人内心中"反对变化"的情感催生了对"规矩"的喜好，这其实是成人并没有真正了解孩子，并且缺乏灵活策略的表现。一个好的行为常规，其实是建立在成人对孩子行为、心理的认同，以及成人与孩子之间的坦诚交流之上的。

小男孩都都，从小是个"药罐子"，柔弱的体质使他常年与药为伍，小小班和小班的两年，他到幼儿园的天数加起来也不过两三个月，直到中班时才开始渐渐正常来园。他一直躲在老师身后，连户外体育活动时也不敢离开老师周围一米的范围。但是，到了中班下学期，有一次，都都突然冲上来用力打了一下老师的后背，老师吓了一跳，回头时，他已经笑着跑开了。过了一会儿，他又冲上来打了一下。当时，老师能够感到都都的行为并无恶意，但确实打得很痛。类似这样的行为持续了一段时间，有时他会用力拉老师的衣服、辫子等，还会拉其他孩子的衣服或者辫子。

我试着在他又一次拉住我的衣服时拉住他的手："我知道都都喜欢老师，如果都都抱抱我或者告诉我，我会更开心的，好吗？"他愣了愣，笑着点了点头。以后，每次看到他向我走来，我会先拉住他的手或者抱住他，跟他聊几句，再看着他满足地走开……现在，都都常常喜欢走到我面前，让我一边摸摸他的头或拍拍他的背，一边跟他说几句话。

当一个羞怯胆小、感情压抑的孩子获得自信时，会突然转变，表现出侵犯别人的不适当行为，这可能是他获得自信心的第一步。他必须先把感情表达出来，得到人们的承认，然后才能有所改进，而这就需要我们成人多一些关注和包容。

区域活动的实践和探索使橙获得了事业的第一个高峰，成为上海市的青年骨干教师和学科带头人。区域活动给了橙一个契机，但真正让橙脱颖而出的是她对区域活动的创新，她将蒙台梭利区域活动有序的结构教学与角色游戏的低结构教学有机结合起来，在区域活动中给予孩子探索、表达的空间，而孩子也回馈给她教学的兴趣与动力。在这一过程中，橙的教学经验日趋成熟，对孩子的认同与接纳不再停留于一个模糊的概念——"让孩子按自己的想法去做事情"，而是具体落实到每个孩子身上，落实到每个教育行为当中。

孩子的心是能感受到老师的心的。我们老师会为了避免孩子回去传话，很注意自己对孩子的措辞，但你的表情、动作都会让孩子有所感受。老师最重要的是给孩子作为一个人最基本的东西，不要强求教会什么。孩子是海绵，能主动去吸收，即便小班的孩子也已经能够换位思考。

两个孩子发生争执，了解情况后，我会对那个被侵犯的孩子说："他已经知道自己错了，你能不能原谅他？如果你原谅他，他的心情会好起来的。"这个孩子说"能原谅"后，我会对另外一个孩子说："他原谅你了，你开心吗？"当孩子说"开心"时，我又会说："开心的话，你去抱抱他，谢谢他呀。"我这样做，是想让孩子明白原谅别人是件开心的事情。

我在和孩子交流时，喜欢告诉他们我是怎么想的，我发现孩子能够与我交流，说出他们的想法。

四、我的区域活动就是方案

当瑞吉欧与方案教学风靡幼教界时，橙所在的幼儿园也开始了试点研究，橙对这股热潮抱着冷静的态度。

　　我是从教研员那里了解到瑞吉欧的。园长也给了我一些资料，看后我觉得其中一些案例和我们区域活动的探索挺接近，我们也往往是发现某个孩子的探索点，然后鼓励孩子深入探索。对于我的这个想法园长和教研员也表示同意。所以，当时进行方案教学的试验，我们班没有全部参与，而是在有了兴趣点后，让部分孩子进行深入探索，开展方案式活动。我同意一位专家说的，关键是看看人家走过的路，吸取有用的东西。方案教学和我的区域探索活动在理念上是相通的。

　　橙坚持自己对区域活动的探索，但认同方案教学的理念：给孩子探索表达的空间，并将方案中的一些做法引进到自己的区域活动中，鼓励孩子在探索区中用自己的方式记录发现，在区域讲评的时候，也尽可能地让孩子发表自己的观点。没有新奇有趣的方案，却实实在在让孩子有了自己的语言。这表明橙在变革中已经走向成熟，开始有了独立的思考和判断。

五、整合并不是新东西，不要把简单事情复杂化

　　对于二期课改，橙有着坦然的心态，这次改革的到来就如同每个星期一的早晨她要来到孩子身边那么自然。

　　我对二期课改应该是最不陌生的了。因为在二期课改的筹备期，我们幼儿园就给课改专家们组织了各种各样的活动。那是2001年，我参加的上海市区域教研组活动正好结束，于是就把工作重心转到这里。整合教育和主题活动背景下的集体教学也是我那一阶段考虑的问题。可以说，我感兴趣的点与教育改革是比较合拍的。

　　自然并不代表橙完全接受了二期课改所提出的理念，她也经历了迷茫，经历了从"无目标"到"有目标"的过程。

　　开始时，我认为并不是每个活动都要有预定目标，只要记得活动有几大块，让孩子自由发挥，在活动中根据孩子的情况确定最终目标。但在内心深处我其实还是有目标的，只是当时对二期课改的整合还没有清晰的思路。后来我想，我当时是以区域讲评的心态看

待二期课改的集体活动。我可以根据孩子现场提供的信息来组织讨论，发展孩子各方面的能力。

在活动内容的挖掘上，橙通过与教研员的探讨，开始从无意识地选择材料到有意识地选择和组织材料。

> 在小小班，有一次我设计了一个小蝌蚪的活动。教研员问我：你为什么要上这节课？我当时愣了一下，然后说：春天到了，小蝌蚪是很经典的活动啊。他又问我：你到底想给孩子什么呢？我说：小蝌蚪是小朋友带来的，但没有太多孩子注意到它，我想通过这个活动引起孩子们对蝌蚪的关注。教研员说：这个活动就是为引起孩子对周围事物的关注，还可以关注些什么呢？这又引发了我的思考，让我找到了它和区域活动相通的一面——让孩子把生活中的东西拿来用。后来，我又设计了一个喝饮料的活动，让孩子们从家里带来各种各样的饮料，每人选择一种自己打开喝。打开饮料的方式不同，有的是拧开，有的是戳个洞，有的是撕开小口子。孩子们根据自己的经验抢着帮助遇到困难的同伴。而且饮料的味道各不相同，包装也各有特色。在这一过程中，我始终想着如何引导孩子自由表达，又如何回应他们。

应该说，橙对于二期课程改革中的整合教育活动的认识是建立在她前期区域活动的实践研究基础上的，而活动的开展则延续了她一直秉承的"放手让孩子去做"的风格。在此过程中，橙对自己的教学行为有了更深层次的认识，更加自信了。

> 我认为整合只是一种理念，是观念上的东西。孩子不仅接受了知识，在这个过程中，审美能力、语言、习惯等，都得到了发展。整合的概念其实早在综合性主题活动设计时就已经提出过，例如在音乐活动中要求语言完整，在语言活动中注入道德教育，等等。

六、变革中我做到了两点：敢于思考，喜欢挑战

橙是一名自信的老师，很清楚地知道自己需要什么，擅长什么，认同什么。从变革初期被动的实验者到变革过程中主动的思考者和行动者，

这一转变的根本原因在于她积极地去选择。

在变革中我至少做到了两点：一是敢于思考与尝试。我对自己、对别人的要求都不是特别高，包括孩子，所以我就敢放手让他们尝试。在这一步步放的过程中，我有了新的收获。如果不相信孩子，不敢放手让孩子去做，孩子获得的机会就少了。

二是喜欢挑战，挑战让我劲头十足。看到人家有不同的做法，我就会拼命思考，想要做出点东西来。

开展角色游戏研究时我还是新教师，不断得到肯定，让我有了坚持的动力。

到了区域活动研究，作为学习者，我在慢慢学、慢慢悟、慢慢独立去做，到最后发挥自如，经历了一个从学习到成熟的过程。

到了方案教学和二期课改，由于自己长期形成的理念、风格和这些相符，并没有很大的冲击，我获得了一个契机，整理自己的思路，加深对课程的认识。这让我对自己以前做过的事情有了更多的领悟。

橙的专业发展有很强的延续性与系统性，变革作为其专业发展的支持系统，帮助她不断反思与肯定自我的教育行为，寻找符合个人教育风格的教育方式与策略。

（徐冰）

3. 日常性访谈：焦虑的娜娜

与家长交流是老师日常工作的重要内容。每日接送时的交流、遇到事情时的电话交流、阶段性的家庭访问等，都是教师在日常工作中对访谈法的运用。从家长处获取的信息，可以帮助我们更客观全面地认识孩子、理解孩子，从而帮助孩子。

9月，又一批2岁的孩子进入托班，每年这时候，老师最忙碌、最紧张，孩子们不是哭声震天，就是大喊大叫。今年，我却在这群哭宝宝中发现了一个不一样的女孩——娜娜。别的孩子都拉着老师找妈妈，或要求老师抱抱，这个小女孩却不哭不闹，一个人在活动区里静静地玩。她是一个很适应集体生活的孩子吗？我的答案是否定的。因为在她的脸上我没有找到放松的表情、发自内心的笑容。她的安静代表什么？她又在想什么呢？

我约谈了娜娜的妈妈。

> 我：娜娜喜欢上幼儿园吗？
>
> 娜娜妈妈：她不强烈排斥，每天早上情绪不高，但总是配合来园。
>
> 我：娜娜在家愿意和您说幼儿园的事情吗？
>
> 娜娜妈妈：不大愿意。她最近情绪不是很好，这也正常。
>
> 我：为什么说正常呢？
>
> 娜娜妈妈：从她出生起就陪她的阿姨因为家里有事走了，所以她不开心。
>
> 我：哦，阿姨这时候走，难怪娜娜不开心。你要多和她聊聊，多陪她玩玩。
>
> 娜娜妈妈：我也想多陪她，但最近我自己的状态也不是很好，

忽略了她。

我：您怎么了？

娜娜妈妈：我又怀孕了，最近反应比较大。娜娜上幼儿园不哭不闹，我觉得这个孩子还是挺省心的，所以也没有过多关注。

我：可是我觉得她在幼儿园并不开心，不哭不闹的孩子更需要我们主动关注。

娜娜妈妈：你提醒了我，最近娜娜的睡眠确实不太好，要醒好几次呢！

……

在与娜娜妈妈的交流中，我得知娜娜这段时间面临三重压力：一是与从小陪伴她长大的阿姨分离；二是妈妈又怀上宝宝了，家里将增加一个新成员，有人要和她一起分享爸爸妈妈的爱了；三是来到幼儿园，面对一个全新的环境，接触陌生的老师与朋友。内向的她无法将自己的感情宣泄出来，焦虑凝结在脸上。

于是，我开始和娜娜妈妈一起帮她渡过难关。

我每天和娜娜妈妈通电话，讲述娜娜在幼儿园的每个细小的变化，让她在家与娜娜有话题可谈。而娜娜妈妈也会及时把娜娜在家的表现告诉我，让我在幼儿园更好地面对娜娜。我还给了娜娜妈妈一些教育建议，让她不要对娜娜有硬性要求，比如对于来园问好，娜娜妈妈可以先主动向老师和其他孩子问好，让娜娜在耳濡目染中受到感染。我还向娜娜妈妈介绍了班级里有兄弟姐妹的家庭，请他们组织周末活动，让娜娜体验和兄弟姐妹一起游戏的快乐。

经过努力，我终于看到了娜娜轻松的笑容。她的小妹妹出生后，我向她要了妹妹的照片贴在教室里她的照片旁边。那之后，娜娜总是自豪地和小朋友说："瞧，这是我妹妹，我现在是大姐姐了！"

（李霞）

4. 日常性访谈：爱是什么

与孩子的交流，也是一种访谈。倾听孩子，我们会为孩子丰富而精彩的内在感动。

爱是什么？这个问题我们问了部分成人，也问了孩子，他们有着共同的观点，又有着截然不同的表达方式，让我们深刻感受到了孩子细致入微的观察和无与伦比的细腻情感。

访谈表

成人	孩子
● 爱是奉献。	● 爱就是帮助比我们弱小的人。 ● 爱是喜欢别人，别人帮我，我也会帮别人。 ● 妈妈每天煮鸡蛋给我们全家人吃，如果少了一个鸡蛋，她就自己不吃，让我们每个人都吃到，我觉得这就是爱。 ● 爱是妈妈不怕痛生我，怀我的时候爱喝的可乐都不能喝，这就是爱。
● 爱是给予。	● 爱就是大家要分享。 ● 爱是老师教我洗手、穿衣服。 ● 爱就是外公每天不睡懒觉送我上幼儿园。 ● 爱是阿姨给我烧好吃的东西。 ● 爱就是奶奶给我做了很多蝴蝶结，能放满一整个抽屉。

续表

成人	孩子
● 爱是给予。	● 爱就是弟弟的毛巾挂不上，你帮他挂。 ● 爱就是爸爸每次回家给我拥抱，还有他用胡须扎我的脸。 ● 爸爸爱妈妈，因为爸爸每天都抱妈妈。
● 爱是理解与包容。	● 我妈妈手上的书不小心碰到了我的头，可我一点也不觉得疼，我想这是因为我爱妈妈。 ● 爱很简单，当别人把你弄痛了，他会说对不起，而你也会说没关系，大家又开心地在一起。 ● 爱是哥哥不生我的气。 ● 爱就是我不听话的时候，妈妈给我改正的机会。 ● 每当我想去做一件事情的时候，妈妈总是支持我，这就是爱。
● 爱是关怀与呵护。	● 爱是老师妈妈倒着走路。 ● 爱是老师妈妈在我难过的时候抱着我。 ● 爱是老师妈妈蹲着跟我们说话。 ● 每天晚上爷爷给我盖被子，这就是爱。 ● 当我的手很冷的时候，外婆总是把我的手塞在她的衣服口袋里，这就是爱。 ● 爱就是给我一个温暖的家，爱是一种关心。 ● 爱就是妈妈很累的时候，我就不叫她，我自己整理玩具和衣服。

续表

成人	孩子
• 爱是责任。	• 爱是老师把教室打扫得干干净净，让我们每天一来就能玩玩具。 • 爱是爸爸虽然很累，但还是一直陪着我。 • 爱就是妈妈每天很晚下班还要看我的联络本。
• 爱是彼此依恋。	• 爱是我做老师妈妈的小尾巴，天天都跟着她。 • 爱就是你想一个人，天天都想去看他。 • 爱是永远在一起，一直不分开。 • 爱就是一直住在一起，一起吃饭，一起玩。 • 爱是爸爸妈妈吃饭时总是坐在一起。 • 爱是上小学后，我每天放学来看我亲爱的老师。
• 爱能成就一切。	• 当有国家打仗的时候，我会觉得很难过，希望快点结束，世界和平，哪里都有爱。
• 爱像红彤彤的太阳，用它的光芒温暖着万物，让它们轻松愉快地成长。 • 爱是一种无声的语言。	• 爱是温暖的，爱是有颜色的，我觉得爱是蓝色的。 • 爱就像太阳一样温暖。 • 爱就是看到宋奶奶雕像，心里觉得很温暖。 • 爱就是喜欢，爱就是团团圆圆。

（徐冰）

案例研究法

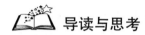

记录身边的故事，传递真实的力量。

——上海纪实频道

当听报告时，鲜活的案例是否比理论更能引发你的共鸣和思考？

当你身边发生有趣的教育故事时，你是否愿意与别人分享并有把它记录下来的冲动？

你能否在故事中发现和感悟曾经学习的理论？

1. 走进案例研究法

很多教师谈论学生和教学时，总是眉飞色舞，生动地演绎着孩子的表情、语言和动作，让你有真切的感受，甚至想要目睹。从叙述的过程，能感受到他们对孩子的关爱，感受到他们的教育智慧，感受到他们的思考和困惑，这些正是教师开展研究的最好素材。

这样的研究，不在于文字的华美、理论的深邃和结构的严谨，关键在于教师是否用心关注孩子，关注自己的工作。案例研究法正是通过记录教师身边真实的教育故事，分享教师在教学实践中遇到的困惑、惊喜，从而寻找规律或问题产生的根源，进而寻求解决问题或改进工作的方法，或形成新的研究课题。那么，案例研究法要达到哪些基本要求呢？概言之，有以下三方面。

一、案例的选择

1. 真实

没有真实发生的故事不能作为案例。为了突出问题，教师可以将发生在不同孩子身上或不同时间段的故事在符合教育规律的前提下编写成一个故事，但故事的素材仍应源于现实。脱离了真实的教育场景，案例就失去了研究价值。

2. 有冲突

作为案例的故事必须包含一个或多个问题情境，能体现出教育观念、情感或方法的冲突，从而引发分析者的共鸣，推动分析者的思考。

3. 有所投入，亦有所收获

在作为案例的故事中，教师要投入自己的情感，与大家分享自己在这一教育情境中的喜怒哀乐和思考，以及由此形成的教育立场及策略，这样就会有所收获。

二、案例的叙述

1. 主题鲜明

每个案例都要能够提炼出一个鲜明的主题，内容关系到教学的核心理念、常见问题、困扰事件，要富有时代性，体现现代教育思想和改革精神。

2. 描述细腻

案例描述不是事件实录，无论主题多么深刻、故事多么复杂，都应该以有趣、引人入胜的方式来讲述，而且叙述要详细。

3. 情节完整

案例的描述要能够反映出故事发生的特定背景。具体说来，就是要说明故事发生的时间、地点等，有完整的情节。片段、无法给人以整体感的故事不能成为案例。

4. 刻画深入

案例内容应当能够反映出教育教学工作的复杂性，揭示人物的内心世界，如态度、动机、需要等。

三、案例的分析

在描述事实的基础上，教师需要对事实进行分析和诠释，以此呈现对问题的理解。对事实的分析可以在叙述过程中呈现，也可以在叙述后呈现，反映的是教师所记录的事实与预设之间的关联，或是事实对教师所产生的启发。也就是说，在记录研究过程中的事实资料的同时，记录教师在过程中的思考。

（徐冰）

2. 在蒙台梭利教室里成长

开学前某天

进门的是一位高个的中国母亲，一口标准的普通话。在她身后躲躲闪闪地跟进来的那个小男孩，就是我们迎来的又一名新生。他叫任任，一个懂中文不懂英文、地道的北京家庭出生的男孩，三岁零八个月。在此之前，他从未进入过学前教育机构，饮食起居都由一名细心、负责的老年保姆照顾。现在，他将在这个蒙台梭利教育环境中开始学习生活。

我决定以他为对象，建立一份个案，观察并记录他的活动，在与外国教师的交流、学习中一窥蒙台梭利儿童观和教育观。

开学第一天

早晨，任任才被保姆抱进教室，外籍教师 Bettina 便笑着迎上去，从保姆手中接过任任放下，然后蹲下身伸出右手对他说："早上好，任任！"任任固执地藏起右手，躲在保姆身后。我也笑着迎上去，同样蹲下身伸出右手，并抬起任任的右手，用中文说："早上好，任任！刚才 Bettina 老师在跟你问早呢！"虽然这次他没有固执地藏起手，但仍一声不吭，看着保姆。

在蒙台梭利教育环境中有各种各样的活动，但由于混龄编班的缘故，已经建立的良好秩序总是影响着每一个新来的孩子。Bettina 没有过多地干扰任任，只是说了句："好了，去看看吧！"便忙着迎接每个来园的孩子，并根据不同孩子的个性，给予不同的问候和动作。

蒙台梭利教育环境是有准备的环境，那些有序摆放的材料美观、整洁、精致、实用。任任走进教室后，没有去触摸，更没有坐下来操作，而是在教室中走走、停停、看看。他饶有兴趣地看着 MoMo 一遍又一遍地将细沙从一个瓶子中倒进另一个装有漏斗的瓶子，当 MoMo 终于完成并将材料放回原处时，我以为他会马上拿过来自己玩，而任任只碰了一下那只可爱的小漏斗，又开始寻找下一个观察目标。他似乎不急于去玩某一样材料，而且不知该玩什么。整整一个小时，他始终徘徊在生活训练活动区，看看这个小朋友拿着精致可爱的陶瓷小茶壶倒水，看看那个小朋友不停地从一个碗里舀出小豆豆放到另外一个小碗中，他还不厌其烦地跟在 Alian 后面，看她给每一棵盆栽浇水……

这一切的材料和活动对任任都不乏吸引力，他却始终一声不吭。而 Bettina 始终不与他交谈或引导他操作材料。我心里有点着急，每次，当他对某种材料感兴趣时，我真想过去问一问："任任，你想不想玩这个？"但每次都被 Bettina 用眼神制止。原来，她始终在观察他。

反思：这里的教师首先必须是一名仔细的观察者，必须注意到教室中每个孩子的兴趣和需要。不是急于教孩子些什么，而是要排除所有影响儿童自然发展的障碍，使其能够按自身规律发展。让孩子从事自己选择的活动内容，而不是被要求进行某种活动，从中体会学习的乐趣。于是，我不再干扰任任。

两周过去了

在此期间，任任唯一的变化是，每天早晨 Bettina 和我对他说"早晨好"时，他不再拒绝地藏起小手。我们也渐渐地提要求："伸出你的右手，好吗？""对了，就是这只可爱的小手。"有时也会和他做游戏："哎呀，任任的右手藏在哪儿？怎么找不到了？""哈哈，这下可抓住了！"渐渐地，任任的眼神不再躲闪，我们会说："咦，我的眼睛里有个小男孩，那是谁呀？你看得见吗？""我们的眼睛能不能做好朋友，我看着你，你看着我？""请你看着我的眼睛说早晨好。瞧，我也正在看着你的眼睛呢！"

任任的态度逐渐转变，我仍然心存顾虑，因为他没有操作材料。这可能与他在家没有机会接触诸如刷子、盘子、壶等物品有关。而且，他可能对操作材料缺乏信心。

是时候去引导他了吗？Bettina 仍摇头，我产生了疑问，如果这孩子一直不接触那些材料，那可怎么办？Bettina 却对自己精心设计的教室环境非常自信，认为每个孩子都有自己的学习敏感期。

反思：孩子是好奇、好动、好模仿的，只要没有人打扰，孩子并不会觉得这是一项大人要他完成的工作，那么，他必定会去选择。给孩子一些观察和选择的时间吧，他需要用自己的方式来适应并接受新环境。

第四周

果然，他开始抚摸一些材料。在此期间，Bettina 经常在集体上课时示范如何在活动前准备垫布，如何折叠，如何轻轻放下盘子和操作，之后又如何一一将材料放回原处。在演示时着重突出要轻轻地走动、取物、交谈，以及手的运用。所有的活动都能体现一个观念，那就是尊重。

每次示范后，教师总要询问几个小朋友："你看清楚了吗？""你喜欢我这样轻轻地去做每一件事吗？""我每次做完后，都将物品放回原处，你知道是什么原因吗？""你能做到吗？"被询问的孩子有的已做得很好，也有的做得很不好。我注意到 Bettina 每次询问任任时，总是带着鼓励的眼神，虽然并不一定每次要等到任任的回答，因为大多数孩子都非常乐意回答那些问题，那一声声"我能做得很好"、"我愿意"影响着任任，他常会欣喜地看着大家。

反思：教师的示范与肯定，引导和激励着任任做进一步的尝试，而同伴们积极踊跃的心态，也对他产生了正面影响。我期待着任任的下一步行动。

第五周

终于，任任拿起了沙漏，这是他的第一次操作。出乎我的意料，他的操作顺序完全正确。他一遍又一遍地将细沙从一个瓶子中倒入另一个瓶子，有时细沙倒在瓶子外了，他也毫不气馁，装回瓶子中再来。

在足足 20 分钟的时间里，他注意力集中，不知疲倦地反复操作。这个小男孩显示出的自发学习和独立学习的兴趣远比大年龄的孩子强，不像很多幼儿需要经常提醒才会专注于学习活动。在没有任何督促、要求的前提下，他重复操作着同一材料，不厌其烦。偶尔会停下，看看瓶子中的细沙，比比哪瓶多，哪瓶少；或拿起沙漏抚摸，从大口看小口处，又从小口看大口处；有时倒得快一点，有时倒得慢一点，那神态真是可爱至极。在无数次的重复和练习中，他不断进行观察、比较、判断、推理和决定。

20 分钟过去了，任任终于停了下来，并笑着将材料放回原处。这时，Bettina 和我先后过去，祝贺他的第一次操作成功。任任显然非常喜悦，在教室里高兴地跑了好几圈。很快又拿起第二样材料操作。我们都很高兴，任任开始自己学习了。

之后任任越来越自信，不断给我们带来惊喜。每天早晨，任任一进教室便干脆地和保姆再见。当我们举起右手时，他自然地举起右手和我们相握。以后的几周，他开始主动问候，偶尔会说："朱老师，今天你真漂亮。""Bettina，我家里有一只狗，它叫彼德。""我有个哥哥也在宋庆龄幼儿园，他在 Tanis 班上。"我们很高兴地看到，他由一个依赖、抗拒的孩子渐渐变得独立、主动。他像其他孩子一样，在这个蒙台梭利教育环境中，吸收着大量的信息，迅速成熟。

反思：孩子的成长常常以顿悟的方式，带给我们惊喜和感动。正如蒙台梭利所说，孩子真的具有一个吸收性的头脑，那是一种自然的吸取，反映出他自身所具有的极大的学习主动性。任任的进步对我而言，是极大的鼓舞，证明了我们的等待是有价值的。

第十二周

最后，让我摘引几段 Bettina 老师在他的学期报告中的评述吧！

"这学期，任任在学校里表现优秀。近几个月来，他表现很好，各方面都趋于成熟。在教室里，任任能广泛运用各种教具去操作学习。他有良好的学习习惯，而且做事情很有分寸，别的小朋友可以以他为榜样。

"他有能力操作许多教具。……他非常愿意享受搭建积木给他带来的乐趣，经常一丝不苟。他还喜欢有关农场、动物的教具，并且会幻想身处这个环境中，想象创造出情境。

"任任非常有创造性，想象力丰富，在他的艺术活动中，有许多独特的、极妙的主意，独具创意。他在理解数字概念方面，发展很快，理解能力较强，并且能表现出一贯的兴趣。在下个学期中，我们将更集中地鼓励并引导任任说更多的英语，参与更多的谈话活动。"

（朱素静）

3. 伟大的"阿土桥"
——一次结构活动的观察与反思*

最近我们正在进行"桥"的主题活动，幼儿对造桥产生了强烈的兴趣，在结构区用积木、纸盒、雪花片等搭建了各式各样的桥。为了给孩子带来新的挑战，我想到了使用报纸。那么，软软的报纸可以造桥吗？我们在结构区里开始了探索。

第一天：能用报纸造桥吗

好奇的九九第一个发现了报纸。他把报纸拿在手里摆弄，一会儿铺在地上，一会儿折成条状。最后，九九把报纸折成条，围成正方形立起来。

九九似乎很满意自己的作品，对一旁的阿土说："我的报纸桥做好了。"

阿土转过身来，很仔细地观察着报纸桥，还用手碰了碰桥面。正当九九满心欢喜地等着阿土称赞的时候，阿土却说："一点也不牢，报纸不可以造桥！"

九九非常不服气，说："报纸可以造桥，是软的桥。"

阿土又说："软的不是桥，硬硬的才是桥。"

九九说："那你可不可以造一座硬硬的桥？"

阿土不假思索地说："可以啊！"

随后，阿土也拿了一张报纸摆弄起来。

---

* 此文曾以《"阿土桥"的建成》刊于《上海托幼》，2011 年 5 月，有改动。

反思：幼儿总是很敏锐地感知着周围环境的变化，发现结构区里有新的材料，他们会很自然地想：这些材料可以怎样玩？我可不可以也试一试？因此材料投放最能体现教师的引导和支持作用。九九用报纸搭了一座软软的桥，这一做法却受到同伴的质疑。恰当的质疑是幼儿自主学习和探究的催化剂，可以看出，幼儿对报纸是否可以造桥产生了疑惑，从而引出新的问题：用报纸造桥，桥是否可以变得硬硬的？

第二天：三角形造桥好，还是正方形造桥好呢

第二天，阿土如约来到结构区，九九也来了。九九用报纸搓了一根纸棍。纸棍比纸条结实，九九对自己的发现很得意。

阿土看到后，也用报纸搓了一根纸棍，二人蹲在地上一起摆弄。九九还折了一个正方形。阿土看到墙面上关于桥的照片，突然指着外白渡桥说："这个桥看上去就是用一根根棍子建成的，但它是三角形的。"

九九反驳："三角形的桥，人走上去会掉下来的，我觉得桥应该是正方形的。"

阿土半信半疑，跑过来问我："陈老师，用三角形造桥好，还是正方形造桥好呢？"

我感到这是一次让孩子主动探索的好机会，于是说："不如两种方法都试一试，再比一比，就知道谁造的桥更合适了。"

他们俩同意了我的观点，九九坚持把纸棍折成正方形搭桥，而阿土决定尝试三角形的桥。

图1

反思：用三角形的支架造桥更为牢固，但是教师没有直接把答案告诉幼儿，而是创造环境和机会，让他们通过实践来发现。幼儿在主动解决问题的过程中获得的经验，比知识本身更为可贵。

第三天：三角形的支架真的会越来越牢固吗

九九和阿土的比赛吸引了很多小朋友，大部分人都支持九九，认为桥的支架应该是正方形的更牢固。有的孩子还很友善地劝说阿土："别做了，三角形肯定不对的。"

这时，阿土有点动摇了。他不时停下来看九九那边的情况。我感到阿土想要放弃，于是对他耳语："相信自己，再坚持一下，说不定就会成功呢？"

阿土吃了定心丸，又埋头干起来。

九九连续做了几个正方形支架以后，孩子们发现桥身东倒西歪，一点也不稳，说："正方形看上去很牢，其实不是的。"

阿土用三角形做的支架反而越来越坚固。"三角形的牢，是三角形的牢。"意想不到的成功突然降临，阿土忍不住手舞足蹈起来。

反思：困难是幼儿在探索过程中必然会遇到的，孩子想要放弃时尤其需要教师的鼓励。阿土在尝试过程中没有得到大家的支持，这时教师及时鼓励阿土，帮助他坚定了信心，激发了他继续探索的勇气。

第四天：用什么做桥面呢

现在，孩子们一致认为三角形支架的桥更牢固。初战告捷，阿土更加斗志昂扬。越来越多的孩子加入进来，没多久，两条长长的桥梁完成了。突然，有一个小朋友说："桥造好了，快铺桥面吧。"

阿土问："用什么铺呢？"

有人提议："就用报纸吧，把报纸打开就能当桥面。"

"好吧！"孩子们很快就取来了几张报纸，麻利地铺在桥梁上。可是，由于中间没有支撑物，软软的报纸支撑不起来。孩子们尝试着在桥上铺了两层报纸、三层报纸，还是不行，眼看游戏就要结束了。

反思：幼儿自我学习的过程，也是他们不断解决问题的过程。造桥对幼儿来说，的确算得上一个大工程：他们要考虑桥的形状、结构，还要兼顾合作。经过前几天的尝试，幼儿对建成一座大桥的信心有增无减。因此，当铺设桥面遇到困难时，他们没有直接寻求教师的帮助，而是一次次主动尝试，希望通过自己的努力解决问题。因此，我只在一旁静静观察，不给予任何提示或指导，同时也在思考：现有材料能否支持幼儿继续探索？是否要提供新的材料？

第五天：横梁有多少

我主动找到阿土："今天你想继续做什么呀？"

"我想铺桥面，但是没有成功。"

"我觉得你已经很棒了，三角形的支架既漂亮又牢固。"我又指着墙上桥的图片问他："你看桥下面有什么？"

阿土又一次观察墙上的图片："我看到桥下面有一根根横着的东西，它会把桥撑住。"

我说："是的，它们叫横梁。"

阿土高兴地说："那么我们也做横梁吧！"

今天，一起造桥的朋友又多了几个，九九也被吸引过来了。25 分钟后

图2

游戏活动结束，大桥有了 8 根横梁！孩子们决定明天再为大桥做桥面。

反思： 幼儿是天生的探索家，但是需要适当的帮助和引导。首先，幼儿探索的目的性不强，他们的生活经历少，接触的事物有限，因此对事物的认识往往很肤浅；其次，幼儿的思维变通性差，不容易转换角度思考问题。如用报纸当桥面不成功，他们没有寻求其他材料替代。当阿土正在为如何铺桥面发愁的时候，我适时地引导他观察桥的照片，并告诉他横梁的作用。通过教师的隐性指导，他跨越了困境，开始新的探索与尝试。

第六天：能用硬硬的板做桥面吗

已经是第六天了，我不得不佩服孩子们的坚持和勇气。阿土今天想为大桥做桥面。他对我说："我不想用报纸做桥面，报纸太软了。"

"那你想用什么做桥面呢？"

"能用硬硬的板做桥面吗？"阿土问。

我立刻为阿土找来了两块长方形的 KT 板，他感到非常满意。

九九的爸爸发现了我们的大工程（正巧他是个建筑师），非常感兴趣，也加入造桥的队伍。九九爸爸检查了我们的桥梁："三角形的结构非常坚固，如果我们能把所有的三角形都用玻璃胶带扎紧，那么我们的报纸桥上就可以站一个小朋友。"

图 3

"什么？报纸桥上可以站一个小朋友？"孩子们的兴趣又一次被激发起来！

孩子们决定暂时不铺桥面，先加固下面的桥梁。

反思： 受年龄特点的影响，幼儿探索学习活动的持续性不强。随着时间的延长和兴趣点的迁移，幼儿很容易转移注意力，可能变有意探索为无意识的玩耍，也可能中断探索。六天后，有的幼儿慢慢转移了关注点。九九爸爸的加入无疑给幼儿打了一针兴奋剂，特别是得知自己亲手建造的桥上面可以站一个人时，所有幼儿的关注都有了新的聚焦点。

第七天：桥上真的能站上一位小朋友吗

阿土终于亲手给纸桥铺上了桥面，纸桥基本完工。为了验证大桥的承重力，我们请一位小朋友站到大桥上试一试。在孩子准备上桥的一瞬间，我的心情无比激动。

一个孩子小心翼翼地站到了大桥上。"我们的大桥没有倒下！我们成功了！"孩子们不由自主地拍起手来，高声呼喊，"成功了！成功了！"一向坚强的阿土在这最快乐的时候激动地哭了起来。

最后，我们用"阿土"给大桥命名，伟大的"阿土桥"终于大功告成了。

图4

反思： 经过七天的努力，一座由幼儿自己设计、自己建造的"阿土桥"终于完工了。作为教师，我深深惊叹和感慨。游戏中，教师的角色不是替代者，也绝不只是旁观者，而是孩子背后的支持者，只有随时随地准备给予幼儿帮助和支持，才能不断推进游戏。我们给孩子一个支点，他们或许能有撬起地球的力量。

（陈琦）

问卷调查法

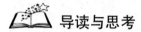 **导读与思考**

没有调查就没有发言权。

——毛泽东

真实的数据在很多时候，比细致的案例更具有说服力。数据显示了一个群体中某一特征产生共性问题的概率，清晰、客观地表明了问题所在，从而引发人们的关注和思考。

——编者

当你想了解一个人对一件事的想法时，你该如何提出你的问题？

你如何确保对方能表达自己真实的想法？

你该如何分析你所获得的信息？

1. 走进问卷调查法

问卷调查法是研究者将需要研究的事项制成问题或表式，发给相关人员，请其照式填答，并分析回收问卷中的数据的一种研究方法。问卷的目的主要是收集被测者对某项问题的态度、意见，然后比较、分析大多数人对该项问题的看法，得出有参考价值的信息。那么，采用问卷调查法有哪些注意事项呢？

一、问卷的设计

1. 问卷前言

具体说明此次问卷调查的目的与要求，并对调查者的参与表示感谢。必要时，对调查者承诺保护其个人隐私。

2. 访谈对象的背景信息

根据研究的需要收集调查者的相关信息，比如年龄、职业、家庭状况、专业情况，等等。

3. 调查问题的设计

调查问题是问卷调查成功与否的关键。在设计问题之前，要根据研究主题，思考希望了解什么情况、对答案有何假设，以及如何运用从问卷中获得的数据。前期对问题的思考越深入，可能获得的数据越客观，越能满足研究的需要。

（1）问题内容的选择

在设计问题内容时，可以思考以下问题：

● 题目的类型是否合适？（有两种类型：开放式无结构的题目和限制式有结构的题目，根据研究的性质决定）

● 题目是否切合研究假设的需要，你是否需要更多的问题来解释这一问题的答案？

● 题目是否涉及个人及社会禁忌，引起被调查者的排斥心理？

● 题目是否超出被调查者的经验、知识和能力？

● 题量是否超出被调查者的接受范围？

（2）问题的陈述方式

● 用语应力求简单。

● 字句的意思力求清楚明白。

● 一句话代表一个单一事物，不要包含两个以上的观念或事件。

● 避免会产生答案暗示的题目。

● 避免主观及情绪化的字句。

● 尽量使用肯定的叙述，避免使用双重否定的格式。

● 不用或少用假设语句或猜测语句。

（3）答案的表现形式

● 选择式：将问题的几种可能答案统统列出，让答卷者选择一个或几个符合自己情况的答案。

● 排列式：答卷者对问题的多种答案，依其满意的程度排序。

● 尺度式：问题的答案用1—5、1—7或1—其他数字表示，将反应显示在一个评价量尺上，让答卷者选择一个或几个能表述自己实际情况的数字。答卷者在选择答案时从给定范围中选一个数字，整理时用概率统计的方法处理；也可以是两个数字，要标出更侧重哪个数字，用模糊统计方法处理结果。尺度式问卷的尺度，常用3—11之间的奇数系列表示，一般量尺范围不超过16，尺度在5—9之间最好。

● 开放式：问题没有固定的回答格式与要求，多用在研究者对某些问题尚不清楚的探索性研究中或希望获得一些真实的案例与个人独特观点时。

二、问卷的发放与回收

拟定有效的发放与回收方式。可以根据被调查者的情况，采用纸质问卷或电子问卷，并运用相应的方式进行发放和回收。

三、问卷的数据分析

1. 问卷的整理

挑出不合乎要求的问卷，包括事实资料与态度资料填写不全、理解错误等情况的问卷。

按所选统计方法的要求登记分数或次数。

对于无结构型问卷，按回答的内容将其划分到不同的类别中。

对于选择式问卷，一般按题目逐个登记次数（是、否或所选类别、排列顺序）。

对于尺度式问卷要登记分数，对于态度量表可登记总分。

2. 问卷结果的统计

可以运用 EXCEL 软件或 SPSS 软件进行数据的统计。

3. 问卷结果的解释

问卷结果的解释，主要看这些结果是否验证了某些假设，如果没有，可能还要提出一些新的假设或新的研究课题。不能简单地根据统计分析的结果得出研究结论，需要以一定的教育理论、心理学理论等为依据。

（徐冰）

2. 5—6岁中外幼儿双休日活动情况的调查与分析

一、研究背景与目的

自1995年9月1日实行双休日作息制度以来，幼儿的双休日活动已成为家庭教育的重要组成部分。家庭如何安排好幼儿的双休日活动，以促进幼儿身心健康发展，成为普遍关注的问题。随着社会经济的飞速发展，家长逐步追求个性化的幼儿教育。此外，随着中国的开放程度不断加深，国内外交流不断深入，我们有机会来调查了解外国幼儿双休日活动的基本情况。那么，中外幼儿的双休日活动安排是否大致相同？家长的观念是否有差异？本研究期望通过了解中福会托儿所5—6岁中外幼儿双休日活动的基本情况，分析中外幼儿双休日活动的内容、类型等，发现两者存在的差异和相同点，并提出若干对策与建议，引发中国家长与幼教工作者的思考。

二、调查概况

我们在中福会托儿所随机选取70名中班幼儿作为调查对象。向这些幼儿的家长发送调查问卷70份，其中，中国家长40名，外国家长30名；回收有效问卷62份，其中，中国38份，外国24份。

问卷回收整理后，我们选取部分问卷中没有反映出来但需要了解的问题，对部分中外家长进行了访谈。

三、研究结果与分析

1. 中外幼儿双休日活动情况的主要差异

（1）活动目的的差异

表1　双休日活动首选目的（%）

	使之快乐	满足兴趣	松弛身心	扩展知识	发展能力	增进感情
中	42	16	11	4	9	18
外	18	11	9	0	10	52

　　调查显示，中国家长最希望孩子拥有自由、快乐的童年，认为让孩子觉得生活是快乐的，学习是快乐的，孩子才能以更加主动、积极的心态面对快速发展的社会。外国家长非常重视与孩子间的感情联络，希望有更多的时间与孩子相处，这对孩子的身心健康、良好的个性发展起着重要作用。

　　（2）活动类型的差异

表2　双休日活动类型（%）

	娱乐型	求知型	交往型	体育型	劳动型	审美型
中	35	24	13	18	3	7
外	18	6	15	41	2	18

　　调查表明，娱乐型活动受到了中国家长的广泛关注。很多外国家长都把体育运动作为休闲活动的主要内容。另外，他们也较注重对孩子的审美教育，而中国家长对此还存在欠缺。

　　（3）活动影响因素的差异

表3　双休日活动影响因素调查表（%）

	幼儿兴趣	家长愿望	社会制约	经济状况	父母有无时间
中	41	6	22	0	31
外	21	7	36	0	36

调查显示，中国家长比较关注孩子的兴趣，在安排双休日活动时主要从孩子的兴趣出发。外国家长认为父母的空余时间会对双休日活动产生重要影响，中国家长则认为影响不大。值得关注的是，中外家长都认为社会的影响较大。我们从进一步的访谈中了解到，家长希望幼儿园或社区组织家长和孩子共同参与、亲近自然的亲子活动，互相交流的联谊活动，像义卖这样的公益活动等，并希望共同设计、安排内容等。另外，他们也希望社会多为儿童提供适合其休闲的娱乐场所，少年宫、儿童活动中心、展览馆、博物馆、图书馆能在双休日免费向儿童开放。

（4）受教育活动性质的差异

表4　幼儿双休日受教育活动性质（％）

	在家教育	参加兴趣班	参观展览馆、博物馆等
中	30	64	6
外	29	8	63

在中国受教育是幼儿双休日活动的主要内容之一，双休日家长带孩子参加各类兴趣班成为普遍现象。而外国家长认为孩子在儿童时期应该快乐地成长，不必过早进行知识的灌输，而应以拓展其知识面、培养良好的道德和审美情操为主。

（5）幼儿双休日交往情况的差异

表5　幼儿双休日交往对象情况表（％）

	父母	爷爷奶奶	保姆	孩子的同伴	亲戚
中	41	16	11	19	13
外	58	8	2	26	6

幼儿的交往对象对于幼儿的个性发展有着重要影响。调查表明，在双休日，中国幼儿的交往对象分散为父母、爷爷奶奶、保姆、同伴、亲戚，而国外幼儿的交往对象主要是父母和同伴。

2. 中外幼儿双休日活动情况共同存在的问题

（1）活动选择的盲目性

表6　假期活动计划制订情况表（%）

	随意制订	不制订	制订详细计划	偶尔制订
中	39	14	6	41
外	6	0	0	94

在我们的这次调查中，中外家长在双休日制订计划方面表现出来的态度类似，都有很大的随意性。从中不难看出，虽然中外家长普遍渴望有更多的时间与孩子在一起，以增进感情，但是，家庭活动缺乏详细计划，随意性、盲目性较大。

（2）活动安排缺乏民主

表7　双休日活动安排情况表（%）

	与孩子商量	父母决定	孩子决定
中	79	12	9
外	50	38	12

家庭教育是家庭成员之间的互相影响和教育，是父母和子女的双向活动。从调查来看，父母的决策权、领导权还是大于孩子。虽然家长在安排家庭活动时考虑到孩子的意见，给予孩子一定的表达意见的机会，但普遍认为孩子太小，无法独立安排，由孩子决定的较少，这使得家庭中缺乏真正的民主。

（3）在家活动内容的片面性

表8　幼儿双休日在家娱乐活动情况表（%）

	看电视 VCD	独自游戏	其他
中	38	54	8
外	24	60	16

由于双休日制度的实行，幼儿的时间很宽松，这让幼儿的双休日活动有了更多的选择。调查显示：家庭活动过于单调，幼儿在家活动时大多独自游戏或看电视。而独自活动的时间过长，不利于孩子良好个性的发展，因此要让活动的形式多样化。

3. 中国家长的双休日活动教育观念与行为之偏差

表9　中国幼儿双休日学习情况（%）

内容（项）			时间（小时）			陪同学习		情绪			父母态度		
1	2	≥3	0.5–1	1–2	2–3	不需	需	积极	一般	消极	鼓励	批评	无所谓
35	53	12	27	49	24	38	62	46	52	2	88	3	9

表10　中国5–6岁幼儿双休日兴趣班参加情况（%）

	绘画	舞蹈	乐器	外语	棋类	讲故事	表演	益智	书法
比例	27	12	18	17	2	2	5	15	2

从以上表格中可获得以下结论：

● 家长认识到学前儿童应拥有自由、快乐的童年，充分给孩子玩的机会，但是在安排家庭活动时，忽视了知识性和娱乐性的有机结合，在实际中厚此薄彼。

● 家长认识到特长教育要从幼儿的兴趣出发，促进幼儿健康个性的发展，但是孩子表现出来的情绪态度是不容乐观的。

● 家长对孩子的艺术教育应该遵循早发现、早培养的教育原则，但大多只寄希望于兴趣班，忽视了家庭氛围对培养孩子审美能力的作用。

四、如何让孩子过好双休日（略）

如何让孩子在双休日里玩得开心并受到教育，是家长和幼儿教师需要探讨的问题。

以下几条或许可以给予您有益的启示。

● 加强情感交流，正确引导孩子。

- 加强审美教育，陶冶孩子情操。
- 加强社区建设，做好家园共育。
- 加强人际交往，培养良好性格。
- 加强独立意识，养成惜时习惯。

附录：

关于中福会托儿所5-6岁中外幼儿双休日活动的调查问卷

班级：　　幼儿姓名：　　年龄：　　性别：　　国籍：

亲爱的家长：

您好！

随着社会的发展，家庭越来越重视对双休日的利用和安排。如何让孩子过好双休日，让他们在双休日里玩得开心并受到教育，是家长和幼儿教师需要探讨的问题。基于这一现实需要，我们设计了本调查问卷，以了解现在幼儿双休日活动的情况，希望家长给予大力支持和帮助！非常感谢您的配合！

（一）基本情况（符合的打√）

1. 孩子是否独生子女：（1）是；（2）否。

2. 孩子父亲的学历：（1）小学或初中毕业；（2）高中、中专或技校毕业；（3）大专毕业；（4）大学本科毕业；（5）硕士毕业；（6）博士或博士后毕业。

3. 孩子母亲的学历：（1）小学或初中毕业；（2）高中、中专或技校毕业；（3）大专毕业；（4）大学本科毕业；（5）硕士毕业；（6）博士或博士后毕业。

4. 孩子父亲的职业：（1）工人；（2）党政机关、群众团体、企事业单位干部；（3）商业、服务业管理人员；（4）个体工商户；（5）教师；（6）医护人员；（7）其他专业技术人员（作家、演员、教练、运动员、律师、会计等）；（8）军人；（9）不便分类的其他工作；（10）无职业人员。

5. 孩子母亲的职业：（1）工人；（2）党政机关、群众团体、企事业单位干部；（3）商业、服务业管理人员；（4）个体工商户；（5）教师；（6）医护人员；（7）其他专业技术人员（作家、演员、教练、运动员、律师、会计等）；（8）军人；（9）不便分类的其他工作；（10）无职业人员。

6. 平时是谁主要负责教育孩子：（1）父亲或母亲；（2）祖父或祖母；（3）外祖父或外祖母；（4）亲戚；（5）保姆；（6）其他（请说明）_____。

7. 家庭的结构类型：（1）由祖孙组成的"隔代家庭"；（2）由父母中的一个与子女组成的"单亲家庭"；（3）由父母与子女两代组成的"核心家庭"；（4）由孩子、父母与老人组成的"主干家庭"；（5）除孩子父母外还有一对与父母同辈的夫妇的"联合家庭"；（6）其他（请说明）_____。

8. 孩子父亲主要的业余活动：（1）忙事业；（2）忙学习、进修；（3）忙家务；（4）参加成人娱乐活动；（5）与孩子娱乐或辅导孩子。

9. 孩子母亲主要的业余活动：（1）忙事业；（2）忙学习、进修；（3）忙家务；（4）参加成人娱乐活动；（5）与孩子娱乐或辅导孩子。

（二）家长观念（请在相应的编号上打√，只选一项）

1. 您认为双休日活动最重要的目的是：（1）使孩子快乐；（2）满足孩子的兴趣；（3）放松孩子的身心；（4）扩展孩子的知识；（5）发展孩子的能力；（6）增进父母与孩子的感情。

2. 您对双休日的计划制订情况：（1）一边过双休日一边计划；（2）不制订计划；（3）制订详细的计划；（4）有时制订有时不制订。

3. 双休日活动的安排方式：（1）父母与孩子共同商讨；（2）父母双方或一方决定；（3）孩子自己决定。

4. 您认为影响孩子双休日活动的因素是什么？（1）幼儿的兴趣爱好；（2）家长的愿望；（3）社会没有提供合适的双休日活动场所；（4）家庭经济状况；（5）父母有无时间。（★此题可多项选择）

（三）幼儿行为（请在相应的编号上打√，可多项选择）

1. 您的孩子在双休日主要进行哪种类型的活动？（1）娱乐型；（2）求

知型；（3）交往型；（4）体育型；（5）劳动型；（6）审美型。

2. 您为孩子在双休日安排什么具体活动？（1）参加兴趣班；（2）在家娱乐教育；（3）外出活动（如去公园等）；（4）到同伴或亲戚家；（5）其他_____。

3. 您的孩子在双休日参加兴趣班吗？（1）是；（2）否。

如是，您的孩子参加什么兴趣班？（1）绘画；（2）舞蹈；（3）乐器；（4）外语；（5）棋类；（6）讲故事；（7）表演；（8）益智（如思维、公文等）；（9）书法；（10）其他_____。

4. 您让孩子在双休日参加兴趣班的目的是什么？（1）促进幼儿素质与人格的健康发展；（2）让幼儿掌握一技之长，以应对未来升学等社会竞争；（3）让幼儿早期定向培养；（4）作为幼儿的业余爱好。

5. 孩子在家有哪些娱乐活动？（1）看电视；（2）独自游戏；（3）学习（看书、画画、弹琴等）；（4）其他_____。

6. 您的孩子有哪些外出活动？（1）去公园；（2）餐饮；（3）去商店；（4）参观博物馆、科技馆、美术馆等；（5）到农村；（6）到朋友家去。

7. 幼儿双休日的交往对象是谁？（1）父母；（2）爷爷奶奶；（3）保姆；（4）孩子的同伴；（5）亲戚。

8. 您的孩子在双休日学习（看书、画画、弹琴等）的情况：

学习的项目：（1）一项；（2）两项；（3）三项或三项以上。

学习时间：（1）半小时到一小时；（2）一到两小时；（3）两到三小时；（4）三小时以上。

孩子学习的情绪：（1）积极；（2）一般；（3）消极。

孩子学习的方式：（1）自己学习；（2）家长陪同学习。

您对孩子学习的态度；（1）采用鼓励的方式；（2）采用批评的方式；（3）无所谓，不加干预。

（钱兰华）

9. 调查问卷设计实例

根据我们的工作经验，影响新入职教师专业成长的一个重要因素是职业认同感，对新教师职业认同感的调查与分析有助于新教师的入职适应，也有助于园所的教师队伍建设。因此，我们展开了相关调查，设计了"幼儿园新教师职业认同状况调查问卷"。现以此为例对调查问卷的设计进行说明。

一、指导语

指导语是对调查及问卷的简单说明，用于指导调查对象填写问卷，特别是关于信息保密的申明及对调查对象配合的感谢。指导语是必不可少的，但必须十分精练，不说任何多余的话，要尽可能节约调查对象的时间。

二、个人基本信息

个人基本信息是对调查对象基本信息的获取，与调查内容相关。既要考虑信息的完善，即与调查相关的所有信息要尽可能详细，又要考虑项目的精简，即不必要的信息坚决不列入项目中。本调查问卷中的性别、学历、园所情况、任教年级、教龄等项目与本调查是密切相关的。

三、基本项目

基本项目是调查问卷的主体部分，所有问题都是经过精心设计的，要根据调查的具体情况确定问卷容量。通常需要对调查内容进行分解，先将其分为几部分，然后对每部分编制问题。问题的形式可以有多种，最常见的是提供多个备选项，当然还有排序、赋分等其他形式。

　　本问卷的基本项目包括三部分：第一部分是调查新教师对职业的认同感，精心设计了七个方面，基本涵盖幼儿教师工作的各方面。这部分采取按认同程度赋分的方式，能够做出明显的区分，也便于量化；第二、三部分分别从正反两方面调查职业认同感（不认同感）的原因，即职业认同感的影响因素。这两部分采取先确定重要影响因素，然后按照重要程度排序的方式，能够让被调查者对备选项做出明确区分，也便于量化。

四、其他说明

　　问卷设计首先要充分考虑调查目标的完成，本问卷紧密围绕新教师职业认同感及其影响因素，问题设计恰到好处；其次要考虑便于统计及结果分析，本问卷尽可能使结果便于量化处理。

　　另外，问卷调查以封闭式问题为主，也可以在最后附开放式问题作为补充，供被调查者提供进一步的信息。当然，开放式问题是辅助性的，不能过多。本问卷考虑到调查内容及问题容量，未设置开放性问题。

　　附录：

幼儿园新教师职业认同状况调查问卷

指导语	尊敬的老师，您好！本问卷主要是为了了解幼儿园新教师的职业认同状况。问卷采取不记名方式填写，您所填写的信息将仅被用作研究和分析，所有信息会被严格地保密和保管。请您按照自己的真实看法填写问卷，谢谢！
个人基本信息	性别：□ 男 ｜ □ 女
	学历：□ 大专 ｜ □本科 ｜ □ 研究生 ｜ □ 其他
	幼儿园级别：□ 示范园 ｜ □ 一级园 ｜ □ 二级园 ｜ □ 其他
	任教年级：□ 小小班 ｜ □ 小班 ｜ □ 中班 ｜ □ 大班 ｜ □ 其他
	教龄：□ 1 年以内 ｜ □ 3 年以内 ｜ □ 5 年以内 ｜ □ 其他

续表

第一部分：根据题目内容判断自己的认同程度，按认同程度给出相应的评分（很赞同5分，赞同4分，一般3分，不太赞同2分，不赞同1分）				
类别	序号	内容		得分
学校本身	1	学校的声誉很好		
	2	学校具有良好的发展前景		
工作本身	1	总体而言，我对目前从事的教师职业是满意的		
	2	我对教学工作的稳定性感到满意		
	3	教学工作是我的兴趣所在		
	4	教学工作是一项神圣的工作		
	5	我能轻松完成教学工作		
	6	工作时间在我的负荷范围内		
	7	我经常能从教学工作中获得成就感		
	9	我对教师能灵活处理教学内容和教学进度感到满意		
	10	我有足够的自由支配时间		
	11	我的个人价值在教学工作中得到了体现		
	12	现在的学生越来越难教		
	13	教学工作具有挑战性		
	14	教师面临着各种进修、职称评定、考核等压力		
	15	总是感到跟不上时代的发展，譬如多媒体在教学中的运用、新的改革和理念等		
	16	如果有重新选择职业的机会，我还会选择教师职业		
进修与提升	1	学校能给教师提供平等的发展机会		
	2	学校能给我提供继续教育培训的机会		
	3	教学工作有利于我个人的发展		

续表

工作回报	1	教师工资水平不低于公务员	
	2	住房有保障	
	3	学校有不错的福利和津贴	
	4	教学工作给我的身体健康带来了负面影响	
	5	工作收入和付出不相称	
	6	我常因努力工作而受到奖励	
学校管理	1	领导具有较好的管理才能	
	2	领导能客观公正地评价我的工作	
	3	提出的合理化建议总能得到落实	
	4	领导经常关心我的个人生活	
	5	学校对教师的评价以家长满意度为唯一标准	
	6	学校对教师管理非常严格，有很严格的教师管理章程	
工作环境	1	我对本单位的办公条件感到满意	
人际关系	1	我和学生的关系很融洽	
	2	学生家长能积极配合学校的工作	
	3	我和同事的关系融洽	
社会环境	1	当前的教育体制和政策加重了教师的负担	
	2	教育事业受到了社会应有的重视	
	3	当前教师的社会地位较高	
	4	我不愿意在别人面前提自己的工作	
	5	社会对教育的期望值越来越高	
	6	我的家人和朋友都很支持我从事这个职业	
	7	社会舆论对幼儿教师的评价客观公正	

第二部分：如果您认同幼儿教师职业，您认为是由下列哪些因素决定的？找出您最关注的五项，并按重要程度排序（从重要到次要）。

1	教师职业是崇高的职业	
2	自己喜欢教师这一职业	
3	自己的才能得到发挥，学生得到成长和发展	

续表

4	薪酬比较稳定，工作稳定，不容易失业	
5	在学校中我是非常重要的一员	
6	和谐的人际关系	
7	学校的管理合理	
8	家长的支持和肯定	
9	社会地位比较高	
10	自己的期望值和成就对等	
11	家人和朋友支持我从事这个职业	

第三部分：如果您不认同幼儿教师职业，您认为是由下列哪些因素决定的？找出您最关注的五项，并按重要程度排序（从重要到次要）。

1	工作压力太大（学生的成绩、繁杂的工作任务、教育改革等）	
2	自己的职业理想高于现实	
3	自己很少获得成就感，教育学生的难度越来越大	
4	薪酬和自己的付出不相配	
5	学校不能正确评价你所付出的努力	
6	自己在学校中可有可无	
7	班级的人数太多	
8	家长不配合	
9	社会地位较低而且社会对教师的要求过高	
10	家人和朋友不支持我从事这个职业	
11	工作缺乏挑战性	
12	自己无法获得教育上的自主权	

（张逾）

行动研究法

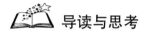 **导读与思考**

了解这个世界最好的方式就是去改变它。

行动研究是将科学研究者与实际工作者之智慧与能力结合起来以解决某一事实的一种方法。

——［美］库尔特·勒温

我们提倡教师运用行动研究法。因为它是以解决问题为出发点的研究，是以实践工作者为主体的研究，它的研究情境就是教师的实践情境，它的研究成果可以即时应用到实践中。行动研究就是研究自己的问题，应用自己的成果。

——编者

你在教学中遇到问题时通常会采取何种行动？

你在教学活动过后会常反思并加以调整吗？

你是否认为教师的成长就是在不断解决问题的过程中积累经验和智慧？

1. 走进行动研究法

行动研究法是教师在教育教学实践中基于解决实际问题的需要，将问题发展成研究主题并进行系统的研究，以解决问题为目的的一种研究方法。开展行动研究，意在针对教育活动和教育实践中的问题，不断探索、改进和解决教育的实际问题。行动研究将改革行动与研究工作相结合，并与教育实践的具体改革行为紧密相连，是教师改进教学行为的有效研究方式。

一、行动研究的适用范围

行动研究主要适用于实际问题而不是理论问题，是微观而不是宏观的实际研究。行动研究从实际中来，又回到实际中去。

二、行动研究的特点

- 研究目的：提高行动质量，改进实际工作，解决实际问题。
- 研究主体：教师。强调做学者型、科研型教师。
- 研究方式：强调教师与专家协同攻关、共同研究。
- 研究程序：自我反思，螺旋式上升。
- 研究方法：理论与实践、定性与定量相结合。
- 价值评估：重在应用推广、重在实效；强调个性化研究，重在相互借鉴。
- 研究性质：属于应用研究，强调自我反思；具有广泛的兼容性，集各种研究方法于一体；能在实践中灵活运用。

- 研究策略：边教学边研究；能在理论与实践之间有效转换。
- 研究问题：直接性（师幼同步学习），微观性（开口要小、挖掘要深）。
- 研究环境：幼儿生活活动场所（幼儿园、家庭、社会）；一般以班级活动为主。

三、行动研究五步骤

第一步：问题

（1）在差异中寻找问题
- 实践中的难题；
- 具体教育情境中的特殊现象；
- 阅读交流中发现的理论与实际的差异。

（2）在实践中确定问题
- 问题要与实践有密切的关联；
- 问题要足够清晰、明确；
- 问题的解决要有益于实践；
- 问题要考虑可行性，可以通过研究解决。

第二步：设计解决问题的方案

- 分析问题的具体表现和产生的原因是什么，哪些数据（可以通过问卷、访谈、观察、实验等方式来收集）可以证实问题产生的原因。
- 梳理收集到的用于解决这一问题的方法。
- 每种解决问题的办法适用于怎样的情境，有哪些利弊。
- 最后形成解决方案，同时要思考解决方案的独特之处。

第三步：行动

- 行动可以是多样化的：提供材料、设计活动、观摩活动、研讨等。
- 注意收集行动中多方面的数据，如幼儿作品、幼儿活动录像、幼儿发展评价等。

第四步：反思

● 及时整理行动中收集的数据。

● 做好两个层面的反思：方案设计中好的方面和不好的方面，教育行动中做得好的方面和不好的方面。

● 在反思中拓展主题。

第五步：改进

● 改进的依据是什么？

● 改进后的行动与上一次行动相比，有哪些异同？

● 改进后的效果可以从哪里得到证实？

● 改进取得了哪些进展，还有哪些不足？

从行动研究的框架可见，第一个循环完成后，即进入第二个循环，如此往复，行动研究的过程是一个螺旋上升的过程。

（吴玲玲）

2. 游戏材料的演变记
——从"汽车城"到"逛逛动物园"

本学期，我们托班年级组将"婴幼儿行为观察"作为教研重点。在寻找落脚点时，我们把视角落在了游戏材料的提供和调整上，确定了观察幼儿与材料的互动，思考如何调整材料，以促进幼儿发展的行动研究重点。

我曾在上一届托班活动观摩中看到这样一幕：一个男孩非常专注地在一张小桌子前，用吸铁石玩车。在惊叹之余，我心想，要是人数能多一点，孩子玩起来会更带劲。

这学期自己带托班了，小男孩玩吸铁石的场景，让我一直在想如何自己动手制作游戏材料。

在第一次研究讨论中，我们讨论了用吸铁石玩车的游戏材料

图1

的优缺点：汽车一直是孩子熟悉和喜欢的，用吸铁石玩车，可以加入探索，十分有价值，但最多只能让两名幼儿同时游戏，不能满足托班幼儿进行平行游戏的愿望。而且，地方小，玩法比较单一，情景也不够丰富，不利于幼儿在游戏中的交往。因此，我们将材料调整的重点确定为：扩大游戏平台，提供给幼儿平行游戏的机会；丰富游戏情境，增加游戏的趣味性。这些由张瑞芬老师进行了第一次尝试。

第一次尝试："汽车城"

调整 1：由小变大

在新材料的设计中，我们保留了这个游戏的精髓部分：运用磁性原理开动汽车。根据我们的观察，托班孩子喜欢钻爬、躲猫猫之类的游戏，更喜欢选择与大动作相关的游戏。所以我们对材料的大小进行了调整：将小马路变成透明的高架路，这样，幼儿既可以站着开汽车，也可以躲在高架路下开汽车。于是，我们将大动作发展融入到开汽车的游戏中。

游戏材料调整了，孩子在游戏中的动作也多了，可以站着，可以跪着，还可以爬来爬去。尤其在下面控制小车的跪站姿势，对幼儿有一定的挑战，一开始，有的孩子跪不稳，会摇摇晃晃，但一段时间后，孩子们的下肢力量明显增强了，还能跪站着往前走。这样，不仅锻炼了幼儿的精细动作，也锻炼了幼儿下肢的大动作。

图 2

与此同时，我们也发现了问题，原来长长的磁性棒只适合站着玩，幼儿在下面玩时，由于角度的问题长棒很难控制住小车；而且，幼儿在下面玩时，路面上的有些建筑物看得不是很清楚。这让我们觉得需要进行调整。

调整 2：磁性棒的微调

我们将长长的磁性棒变成了捏在手里的短棒，对磁铁的位置也做了调整，便于幼儿更好地找到磁铁与小汽车的磁性接触面，能更灵巧地控制小车。

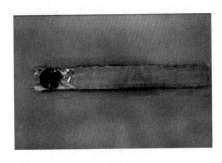

图3

图4

调整3：建筑物的调整

托班幼儿经常会动作伴随语言，他们在开汽车时经常会说："我的汽车开到××去。"为了给幼儿更直观的刺激，激发他们开口的愿望，我们加了许多建筑物，有医院、学校、警局、公园、加油站等。并且在马路的反面也贴上了相应的建筑物标志，以便幼儿清楚地看到相关建筑物的标志。有了这些建筑物，孩子们的游戏情景更丰富了。

图5

调整4：坡道的增加

玩了一段时间，有幼儿提出高架路上的车要开下来，还有幼儿在游戏中直接凭空用手把车开下来了。发现幼儿的这一需要，我们在高架路的一边装上了一个坡道，用于与地面连接。有了坡道的支持，孩子们又开始了新的探索。

图6

这个游戏经过此次改进，活动空间大了，参与的孩子也多了。

但是操作平台位置较高，造成了幼儿与操作板上方的游戏情境存在距离感，导致他们难以融入情境。

由此，我们把第二步的研究重点确定为：加强幼儿与材料的互动，让幼儿置身情境中玩，置身情境中说。于是由金宇清老师开始第二次尝试。

第二次尝试：从"汽车城"到"逛逛动物园"

调整1：改变场景

要增强游戏的情境感，需要创设一个能反映幼儿生活经验，幼儿既熟悉又感兴趣的开放性游戏场景。结合当下孩子们最喜欢的主题——动物，我把游戏场景改成主题更突出的"逛逛动物园"。孩子们听说要开"动物园"了，都从家里带来许多仿真动物，有鳄鱼、恐龙、大象……

我制作了许多迷你型汽车，设想着孩子们自己走路或开车去逛逛"动物园"。我还提供了一些穿裙子或裤子的人偶和班级小朋友的照片，孩子可以贴上照片后游戏。

图7

图8

调整2：改进工具

我的材料是大桌子，孩子坐在桌子四周，无法自由"走动"。怎么办？需要什么辅助物？经过讨论，我们觉得尺子是最佳的工具。在尺子的一头放上一块吸铁石，孩子就能自由"走动"，想去哪就去哪。

游戏开始了，我发现，游戏的情境感增强了，游戏的吸引力也增加了，每个孩子都来到这里尝试。我观察到有以下几种情况：

第一种是开心地来，能长时间玩，这种孩子人数不多，大概四五个。

第二种是开心地来，但不停地需要老师帮助，这种孩子占多数，有时我都忙不过来。

第三种是开心地来，但玩一会儿就放弃了，这种孩子人数也不少。

我困惑了：为什么这么多孩子离开，难道是不喜欢吗？不是！显然，孩子们喜欢动物园，喜欢玩吸铁石。那么，孩子们为什么高兴地来，又失望地离开？是什么阻碍了他们继续玩下去？从细节入手，我开始了解到，托班的孩子由于年龄小，目测力、方位感尚未成熟，这种看不见的摸索，对多数孩子来讲，难度太大！

既然挑战度太高，干脆放低难度，让这种看不见的摸索变得可见。

调整3：材料的调整

于是，我把全 KT 板不透明的场景变成半透明的场景：把制作马路的一半 KT 板割去，替换成透明的塑封纸，这样，那些找寻不到目标的孩子，从上面透过透明物就能看见自己的尺子和吸铁石，从而尽快获得成功感。

图9   图10

调整以后，孩子能根据自己的能力（喜好）有选择性地"逛动物园"，在此过程中获得成功感。每个孩子都能坐下来开心地游戏：从不敢尝试（怕失败）的孩子被吸引来了；来去匆匆的孩子少了，孩子逗留的时间长了；孩子之间有了语言交往："贝贝，你去哪里啊？""我给小动物吃香蕉。"

用吸铁石玩车的原理保持不变，孩子们在情境中可以玩相互交流、相互追逐的游戏。但操作的主题可以随着孩子们经验的发展而变化，这次是动物园，下次可以是小社会，有商店、幼儿园、超市、小区等贴近孩子的生活场景，让孩子和伙伴走进其中。对孩子的行为规范、语言交往，教师都可以间接了解、引导。

从这个游戏的演变中，我们深深感到，教师只有细致观察孩子的游戏行为，充分了解他们的兴趣，随机适宜地调整材料，才能真正满足不同孩子的需求。

（金宇清　张瑞芬）

3. 自制沙锤
——观察、预设、生成

一、活动产生的背景

在一次音乐活动中，我和孩子们玩打击乐器"沙锤"，孩子们非常喜欢，并对沙锤为何会发出声音产生了兴趣，想知道沙锤里面装的是什么。于是，我们打开了一个沙锤，发现里面装的是沙子。我还告诉孩子们因为装沙子的容器外壳像一把锤子，所以叫"沙锤"。了解了沙锤的秘密后，孩子们更加喜欢玩沙锤了。但是沙锤数量有限，于是我决定在区域活动中让孩子们尝试自制沙锤。（由孩子的生成活动引发的教师活动设计）

二、最初的设计思路

在制作沙锤与玩沙锤的过程中教师可以引导孩子感知不同的声音，并探索产生不同声音的原因：放的豆子数量不同、制作沙锤的材料不同，等等。（明确观察的基本框架）

三、材料投放前的集体谈话

集体谈话主要是讨论操作过程以及注意事项。最后，大家一起在小地毯上操作，这样不容易打翻豆子，即便打翻了，豆子也不会滚得太远。大家还一致同意摇沙锤的时候尽量轻一些，这样就不互相影响。（事先制定常规，排除无关干扰）

【第一阶段　6—7天】

活动情况（观察指导）		分　析
材料提供	● 同样大小的塑料可乐瓶（由于小班幼儿的思维具有单一性，过于复杂的材料会给孩子带来干扰。同样大小的瓶子便于幼儿比较所放豆子的多少，进而比较声音）	材料的选择与我预设的活动目的有着直接的关系。在材料投放之前，我已经进行了"预操作"。我决定将这套材料投放在"探索区"。从小班幼儿的思维特点出发，我认为单一的材料更有利于孩子的操作活动，容易让他们的注意力集中到同一现象上，从而产生共鸣，这也是引起集体讨论的关键。
	● 赤豆（与沙子相比更便于幼儿操作，尤其是打翻后幼儿可以自己整理）	
	● 帮助幼儿形成活动常规。	
	● 启发幼儿探索并尝试制作能发出不同声音的沙锤。	
	● 感知并讨论总结：豆子数量的不同会带来声音的不同。	
活动情况	活动的第一天，先后有3个孩子尝试操作了这套材料。他们把豆子装在瓶子里，然后不停地摇晃，沙锤发出了声音，他们感到很满足。区域活动结束时，他们拿着自己做的沙锤跟着音乐打节奏。由于每一个瓶子里豆子的数量差不多，声音没有明显的差别，我决定先让孩子体验制作的成功和摆弄的快乐，再做进一步的推进。	材料投放的最初几天，我主要是旁观。尽管事先确定了观察目的，但是，孩子是否会对探究活动产生兴趣，我无法预料。对孩子的指导也多在材料的使用和一些常规的提示上。

续表

	活动情况（观察指导）	分　析
活动情况	3 天后，班里有近一半的孩子都玩过了，但是孩子们似乎不太在意声音的不同。于是，在集体讲评时，我特别选择了声音有明显差异的两个沙锤，请孩子们仔细听听声音是否一样，并思考原因。孩子们很快就发觉了一个瓶子里的豆子少，一个多，所以才会不同。我又问，可不可以让它们的声音变得差不多呢？这个问题也难不倒他们，有的说把多的那瓶里的豆子倒掉一点，有的说把少的那瓶加上一点。于是，我们当场试验，果然成功了。由此，孩子们知道了原来放的豆子数量不同，发出的声音会不同。 　　接下来的几天，来操作的孩子开始有意识地在每个瓶子里放不同数量的豆子，然后摆弄，倾听不同的声音。有时瓶子里只装一颗豆子，有时装大半瓶。集体讨论时，他们也热衷于和大家分享这些有趣的声音。我也请孩子们用嘴巴模仿不同的声音，大家都感到十分有趣。	通过有目的的观察，我决定主动指导，不能等到孩子们失去了新鲜感。 　　就像孩子们没有料到沙锤的声音可以有那么多的变化，我也没有料到孩子们对此有浓厚的热情。既然第一个阶段完成了预设的目标，我便开始考虑下一阶段的目标和材料提供。

【第二阶段 5—10 天】

	活动情况（观察指导）	分　析
材料提供	增加一些不同大小的药瓶、玻璃瓶、纸盒子、铁盒子。（引导孩子在操作中发现瓶子的大小不同、材料不同对声音的影响）	有了对孩子前一阶段的观察了解，我开始大胆地投放第二阶段的材料，综合考虑了三个影响因素。我其实有些担心孩子们区分不出，于是，我决定仍然以半结构式观察的形式进行初步观察，以便随时调整材料和活动目标。
活动目的	● 通过实践操作，引导幼儿讨论并总结：瓶子的大小不同、材质不同，所做成的沙锤发出的声音也不同。 ● 进一步激发幼儿探索、讨论的兴趣。	
活动情况	孩子们在操作中果然对新增加的材料产生了兴趣，并与以前的可乐瓶进行了比较，发觉了声音的不同。在集体讨论时，孩子们交流、总结了各自的发现。有的孩子注意到材料的不同，有的注意到大小的不同，有的孩子两方面都发现了，但几乎没有孩子同时注意几个瓶子中所放豆子的多少。这可能是由小班幼儿的思维特点造成的。因此，我在观察指导中也没有刻意强调这点。通过实践，孩子们已经能总结出沙锤声音的不同与豆子的多少、瓶子的大小、瓶子的材质都有关系。探索活动的目的基本达到了。	实际活动中，孩子们根本没有出现我担心的情形。原因是小班的孩子在比较的过程中根本不会考虑到第二层面的问题。比较材料时，他们忘了大小的不同；比较大小时，他们又忘了材料的不同。对他们来说，这个阶段的活动和比多少一样简单。不过，声音的变化更加丰富，这使得孩子们的兴趣更加浓厚了。

续表

活动情况（观察指导）	分　析
活动情况 　之后一段时间，孩子们不断尝试新变化，倾听不同的声音，并享受制作的乐趣。特别是在集体讨论时，我让孩子们跟着音乐节奏玩沙锤，在音乐活动中让孩子们使用自制的沙锤创编节奏。 　　大约两周后，一部分孩子的兴趣渐渐从这套材料上转移。受到感官区"听觉瓶"的启发，我决定将活动目的从感知不同的声音变为找出相同的声音，以锻炼幼儿的听觉。	"自制沙锤"的活动来源于集体活动与音乐活动，我尝试让它回归。孩子们参与活动的热情对集体活动的气氛营造影响很大。 　　区域活动中的一些热点问题，在被第一批孩子体验表达过后，再来玩的孩子往往就失去了热情。为了解决这一问题，我又做了进一步的考虑。

【第三阶段　5天】

活动情况（观察指导）	分　析
材料提供 　将每种瓶子（同样大小、相同材质）的数量增至3—4个。（提供同样的瓶子目的是减少干扰，暗示孩子尽可能选择同样的瓶子进行比较）	因为在感官区中孩子们有找相同的操作经验，我相信这不会难住他们。而且，材料的变化、活动目的的变化，也会引起孩子们继续操作的兴趣。
活动目的 　通过"找相同"、"比多少"等游戏提高幼儿（特别是还未操作过的、能力较弱的幼儿）的操作热情，让幼儿在集体讨论中感受与大家分享操作结果的快乐。	

	活动情况（观察指导）	分　析
活动情况	在个别幼儿的操作过程中，当孩子选择相同的瓶子制作沙锤时，我便请孩子听听声音是否相同，如果不同，思考怎样才能使声音相同。因为有了以前的经验，孩子很快完成了任务。在向小朋友介绍时，我请孩子将事先做好的几个相同的沙锤同时展现在大家面前，然后通过倾听找出声音一模一样的两个沙锤。孩子们立刻发现，透明的瓶子用眼睛就可以辨别，但是不透明的瓶子只能靠耳朵听。于是孩子们都喜欢选择不透明的瓶子，这样，当别人猜错时，他们便会很得意。不过，有的孩子十分挑剔，老是觉得听到的声音有所不同，为了追求最佳效果，竟然一颗颗地数。另外，活动中，孩子们想出了"猜猜有几颗豆"的游戏：在相同的罐子里放上不同数目的豆子，让别的小朋友猜，并且总结出了豆子越少越好猜的经验。如果数目在五六颗以上，就很难分辨出是几颗豆了。 　　由于操作活动中增加了一些游戏的成分，孩子们的兴趣不减当初。	在这个阶段，我较多地采用了参与式的观察方法。原因在于，既然要向大家介绍自己的游戏方法，想和大家一起做游戏，孩子首先必须学会清楚表达。于是，我和孩子共同操作，通过交流了解不同的玩法，并在集体讨论时支持他的介绍。 　　在这个阶段，我感到比较开放、轻松。因为孩子之间的交流、互动，可以帮助孩子树立自信，让他们乐于参与集体活动，这与区域活动过程中相对独立的自我学习活动构成互补。

【第四阶段 5—6天】

活动情况（观察指导）		分　析
材料提供	● 把"豆子"换成其他物品，听听声音有何不同。（可以预设一些物品，也可以让幼儿自己寻找）	在第三阶段这项活动本可以告一段落，但有些孩子还是十分热衷于操作这套材料。而许多现象在集体讨论时都谈论过了，这使得活动停滞不前。于是，我想应该给需要的孩子、还没有机会独立探索或还想钻研的孩子一片新的天空。
活动目的	● 通过实践操作和集体讨论分析，区分出用"硬的东西"与"软的东西"制作出的沙锤的不同声音。 ● 培养幼儿的创造性与发散性思维。	
活动情况	我发现一些孩子在制作沙锤的过程中漫不经心，尽管这些孩子仍然喜欢操作，但是已经缺少了探索的动力。为了给孩子进一步的挑战，我在个别指导中要求孩子在教室里寻找可以替代豆子的物品进行制作。很快，几个能力较强的孩子有了新的发现：小积木、雪花片、木珠等都可以用来制作，它们发出的声音虽然不同，但很接近；后来，又有孩子将一些用布做成的小东西、棉花、纸球等放入沙锤中，发觉声音很轻。集体谈论中，孩子们还是用"猜一猜"的方式进行游戏，从猜是硬的东西还是软的东西，到具体是个什么物品。几天下来，孩子们寻找的可以代替豆子的物品就相当丰富了。	在活动的形式上这可能是一种重复，但在内容的探索上，孩子们又获得了新的体验。

（1）在连续性观察中展开、推进教师的预设活动

预设活动是由教师设计活动框架，根据幼儿的实际情况层层推进，最终实现教师活动设计目的的活动。在活动中，教师最容易出现的错误

就是按部就班地完成自己的教学设计，而忽略了孩子在其中的活动状态，这正是教师的指导出现偏差、幼儿的学习过于被动的重要原因。教师在组织系列活动时，通过连续观察幼儿的表现，层层推进自己的活动设计，最后能帮助孩子主动地达到活动目标。

在连续性观察中，教师可以发现孩子的最近发展区，再通过材料的逐层递进，推动活动的开展，使教师的预设与孩子的发展圆满协调。

（2）在连续性观察中追随、支持幼儿的生成活动

幼儿的生成活动如果没有教师的参与，教育意义会逊色不少。在幼儿的生成活动中巧妙地融入教师的教育策略，是为了让孩子更好地发挥学习的主动性、积极性，帮助孩子顺着自己的兴趣探究下去。而连续性观察则帮助教师把握信息并追随孩子的兴趣点，支持孩子的生成发展，同时调整自己的预设活动，为孩子的生成预留空间。

（3）在连续性观察中把握活动的发展方向

预设活动与生成活动在实际的教学过程中往往是相互交融的。幼儿园的教育活动要做到在传统的预设活动中为孩子留有生成活动的空间，在生成活动中融入教师适当的预设。再有经验的教师也不可能在活动之前就预计活动开展的最终结果，只有通过观察，不断分析孩子的状况，才可能为孩子们带来恰到好处的支持，使得活动的进展与孩子的自然发展同步。

如果我们把教学过程看作教师预设与幼儿生成相互交融、促进的过程，观察就是让教师与孩子拥有共同生长点的重要支撑。

- 观察是教师预设的前期准备；
- 观察是教师调整设计的前提；
- 观察是教师了解幼儿的手段；
- 观察是教师捕捉幼儿生成的工具；
- 观察是教师有效支持幼儿生成的后盾；
- 观察是教师评估活动与幼儿发展的基础。

在收集信息—分析处理信息—采取教学策略的循环过程中，任何一个环节都和教师的观察活动息息相关：收集信息是教师的现场观察；分析处理信息是教师对观察现象的回忆，也伴随着观察过程的完成；采取

教学策略必然引起新一轮的观察。换言之，观察渗透在整个教学活动中，它好比催化剂，能帮助教师顺利开展各种形式的教学活动，实现教师与幼儿的共同成长。

（潘燕）

4. 小班"娃娃家"游戏的"入戏"策略

孩子从小班开始接触角色游戏,在角色游戏中"娃娃家"是孩子们最受欢迎的项目之一,但孩子们常常会把"娃娃家"玩得一团糟。如何让孩子们尽快"入戏",喜欢游戏,会玩游戏呢?我决定从观察孩子的游戏情况入手去寻找策略。

第一周游戏情况

幼儿呈现的状态

小班的孩子是从托班升上来的。孩子们来园时发现,原来的教室被分割成一间间小房间,里面摆放着和自己家中相似的物品以及"家具",大家都特别兴奋。有的幼儿睁大眼睛一间间参观;有的幼儿马上进入房间开始探索;有的孩子很兴奋,把"娃娃家"的玩具都玩了个遍,还出现了相互争抢玩具的现象。

分析和对策:学会等待幼儿

孩子们第一次接触角色游戏,自然对教师创设的环境充满新奇感。刚接触角色游戏的孩子对教师创设的游戏环境有一个适应过程,不知怎样开展游戏是正常的。再加上小班幼儿兴奋点很低,因此教师要满足幼儿"参观"的愿望,其实这也是一个探索的过程。所以我们开始引导幼儿看"娃娃家"里有什么,这些东西可以怎样用。

第二周游戏情况

幼儿呈现的状态

孩子们开始进入游戏区活动。我发现一个有趣的现象，一个"娃娃家"里通常有七八个小朋友一起玩，但是他们各自行动，没有交流。孩子们还特别喜欢"串门"，从这家"娃娃家"走到那家"娃娃家"。

反思和对策：鼓励和保护幼儿初期的游戏行为

进入第二周，孩子们渐渐对游戏有了感觉，开始了愉快的活动。但是，从游戏状态来看，孩子们还没有游戏的意识，他们在"娃娃家"中的表现还处于一种自由熟悉环境以及材料的状态。

通过观察，我发现孩子们很喜欢在"娃娃家"做拉门帘的动作，很多时候频繁"串门"就是为了做这个动作，我不但没有限制他们的这种行为，反而尽量地满足他们，对他们的行为都投以赞许的微笑。

孩子们在游戏中出现的行为是最真实和最自然的。因此，在游戏的开展初期，无论出现怎样的行为（安全隐患除外），教师都要给予鼓励和支持，让幼儿表现出最贴近生活的一面，提高孩子们的积极性。

第三周游戏情况

幼儿呈现的状态

这些天，一个"娃娃家"里仍然有七八个孩子在共同游戏，但有些孩子提出："'娃娃家'里的玩具太少，我都玩不到了！"同时，串门的现象减少了，孩子们更多的是在"家"中摆弄餐具和食物，并出现了几个孩子一起吃饭的场景。但当你去问他们自己的角色时，没有孩子回答你。

反思和对策：不要为游戏的"乱糟糟"而过度烦恼

当孩子提出玩具少时，其实他已经感受到人数太多了。教师应该适时介入游戏进行引导：多少人数是小班幼儿可以接受又能顺利开展游戏的？同时，在游戏中虽然出现了大家一起吃饭的场景，但孩子们还是没有角色意识。

孩子提出疑问后，我们在游戏交流环节重点讨论了这个问题。我问孩子们："你们家中每天都有这么多人吗？"讨论后，孩子都说家中基本只有爸爸妈妈，最多加上爷爷奶奶或外公外婆以及保姆，只有在过节的时候，家里的亲戚才会一起来做客。因此，根据小班幼儿的年龄特点，我们把每个"娃娃家"的人数定为4。为了帮助小班幼儿体会4人的概念，我们推出了"工作证"，每个"娃娃家"有4张，用不同的颜色帮助孩子们进行区分。

在游戏开展的初期，幼儿由于年龄水平以及生活经验的局限，往往会出现"不会玩"的现象。遇到这样的情况教师不要着急，其实，对孩子们来说这也是玩的过程，他们会在这个过程中体验"高兴"与"不愉快"，为今后游戏水平的提高打下基础。

第四周游戏情况

幼儿呈现的状态

"工作证"出现后，孩子们基本上每天都带证"上岗"，而且不再出现争抢玩具的现象。同时，我发现有些幼儿能用一些工具开始游戏，如扫地、拖地、熨衣服、洗袜子、喂娃娃吃饭等。角色游戏从熟悉环境和材料的环节过渡到了玩游戏的环节。

经过三周的环境熟悉，孩子们已经对游戏有了大致的了解，开始有了角色意识，并会使用教师提供的工具丰富自己的游戏行为。同时，有些能力强的幼儿开始出现了角色动作，这对于能力弱的幼儿来说是一个很好的行为暗示，能帮助他们尽早进入游戏状态。

（俞芳）

实验法

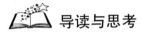 **导读与思考**

　　研究真理可以有三个目的：当我们探索时，就要发现到真理；当我们找到时，就要证明真理；当我们审查时，就要把它同谬误区别开来。

——［法］帕斯卡

　　实验就是变量的游戏，是审查时把谬误区别开来的筛子。

——编者

当你试图了解事物间的因果关系时，你通常采取哪些措施？

你如何确保引起某种结果的原因不受其他因素的干扰？

你该如何分析你所取得的实验结果？

1. 走进实验法

实验研究法就是在可控的教育情景中，依据一定的理论假设，有目的地改变一些教育因素（自变量），控制无关因素，观察记录另一些教育因素的变化，到了一定时间后，在统计分析的基础上，找到两类教育因素之间的内在联系以验证理论假设的方法。

自变量也叫实验变量，是指实验者操作的假定的原因变量；因变量也叫反应变量，是自变量作用于实验对象后出现的教育结果。无关变量是指自变量与因变量之外的一切变量。

一、常用的教育实验法

教育研究多在自然状态下进行，较多采用准实验研究，即无须随机安排被试时，运用原始群体，在较为自然的情况下进行实验处理。

1. 事前事后对比实验

这是最简便的实验调查形式。采用这一方法是在同一组被试（幼儿）内，实验之前在正常的情况下进行测量，收集必要的数据；然后进行现场实验；经过一定的实验时间，再测量收集实验过程中（或事后）的资料数据，从而进行事前事后对比，通过对比观察，了解实验变量的效果。

2. 控制组同实验组对比实验

控制组是指不接受实验的幼儿组，它是与实验组作对照比较的，又称对照组；实验组是指接受实验的幼儿组。

控制组同实验组对比实验，就是以实验组幼儿的实验结果同非实验组幼儿的情况进行比较，进而获取信息的一种实验调查方法。

采用这种实验方法的优点在于，实验组与控制组在同一时间内进行对比，不需要按时间顺序分为事前事后，这样可以排除实验时间不同带来的外来变量影响，如幼儿自然发展带来的能力提高。

3. 有控制组的事前事后对比实验

有控制组的事前事后对比实验，是指将控制组事前事后的实验结果同实验组事前事后的实验结果进行对比的一种实验研究方法。

这一实验方法是在同一时间周期内，在不同的被试群组（如农村幼儿和城市幼儿、寄宿幼儿和日托幼儿）之间，选取控制组和实验组，并且对实验结果分别进行事前测量和事后测量，再进行事前事后对比。

这一实验方法有利于消除实验期间外来因素的影响，从而大大提高实验变量的准确性。

4. 随机对比实验

随机对比实验是指按随机抽样法选定实验对象所进行的实验。

事前事后对比实验、控制组同实验组对比实验、有控制组的事前事后对比实验等方法，尽管特点不同，但是在选择实验对象上有一个共同点，即都是按照判断分析的方法选择。

在对调查对象的情况比较熟悉、实验对象数目不多的条件下，采取判断分析法选定实验对象不但简便易行，也能够获得较好的研究效果。

但是，如果实验对象很多，按主观的判断分析选定就比较困难。这时可以采用随机对比实验方法，即按随机抽样法选定实验对象，使众多的实验对象都有被选中的可能，从而保证实验结果的准确性。

随机对比实验有多种形式，其做法与随机抽样相似，如单纯随机抽样、分层随机抽样、分群随机抽样等。到底应采用何种形式选定实验对象进行对比实验，必须从实际出发，根据具体情况确定，以能够获得准确的实验效果为原则。

二、教育实验的操作步骤

1. 提出实验假说

假说是实验者对自变量（实验变量）与因变量（反应变量）之间关系的推测和判断。它是实验者将自身的教育经验、科学理论及他人的经验进行综合加工得到的结果。

实验假说有三个特征：设想出实验变量与反应变量之间的关系，用表述句或条件句的形式明确描述出来，是可以检验的。

2. 进行实验设计

实验设计是实验者在实际着手验证假说之前制订的实验计划，目的在于更科学、更经济地验证假说。实验设计主要涉及以下几个方面：

- 实验变量（自变量）的操作与控制：确保实验者依据实验要求操作。
- 反应变量（因变量）的观测方法、测量手段：通过制表、绘图等方法进行比较分析。
- 无关变量的控制措施（消除法、恒定法）。
- 实验对象的选择（被试的选择）。
- 实验的组织形式（单组或等组）。
- 实验数据处理方法的确定。

3. 实验的实施

实验的实施就是实验工作者按照设计的实验方案，操作实验变量，控制无关变量，观察、记录、测量反应变量，收集实验信息的过程，即将实验方案物质化、现实化的过程。

实施设计（计划）要注意以下两点：

一是经常有重点、有目的地收集实验信息与资料，观测反应变量，为因果推论提供事实和依据。

二是合理控制实验进程，确保实验过程按实验设计的要求、程序进行。

实验进程的控制需做好以下工作：

- 健全实验组织机构，准备好实验用的表格与器材。
- 处理好教育实验过程中的"动"（实验因子、实验变量）"静"（非实验因子、无关变量）关系。
- 做好阶段性总结。阶段性总结的目的是查明在实验措施的作用下，反应变量每个阶段的变化情况，并认真、如实记录，看看哪些主观假说被验证，哪些被推翻，哪些有待进一步验证。及时发现问题，为修改方案和做好下一阶段的工作提供依据与经验。

4. 资料的统计处理

对在实验过程中积累起来的资料，需要采用科学的统计方法进行分析。一般是先用描述的方法对反应结果的原始资料列表，图示或计算该资料的平均数、标准差和相关数等，然后用推断统计的方法检验自变量与因变量之间的关系。在教育实验中常用的推断统计方法有 Z 检验、T 检验、F 检验等。

5. 实验报告

实验报告是反映一项实验的过程及结果并将其公布于世的文字材料，是教育科研成果的一种重要形式。

（吴玲玲）

2. 对肥胖儿童运动干预方案有效性的研究

一、研究背景

中国福利会托儿所一贯重视对儿童肥胖的干预研究，在通过调节饮食结构控制肥胖方面取得了很多成果，并且在实践中日益认识到：控制肥胖必须饮食和运动双管齐下，这样才能收到最佳效果。因此，确定适当的运动方案，是肥胖儿童得以控制体重和增强体质的关键。

近年来的研究显示，力量性运动在减肥过程中作为有氧运动的辅助手段，可以促进肌肉发达，从而提高静息时的代谢水平，增加能量消耗。我们根据幼儿生长发育的身心特点，确定对肥胖儿童运动干预方案以有氧运动为主，将力量练习和形体拉伸练习相结合，形成了以下方案：

表1

运动方案	运动项目		
方案一	蹲起（3min）	滑板（22min）	拉伸练习（5min）
方案二	趣味仰卧起坐（4min）	上下台阶（23min）	放松走（3min）
方案三	立卧撑（3min）	翻斗乐（25min）	形体练习（5min）
方案四	变形金刚（4min）	骑自行车（24min）	拉伸练习（5min）
方案五	钻山洞（4min）	搬运工（21min）	形体练习（5min）

二、研究概况

1. 研究假设

我们设计的以上运动方案有助于改善肥胖儿童的身体素质，控制和降低他们的肥胖度。

自变量：肥胖儿童运动干预方案。

因变量：肥胖儿童身体素质和肥胖度。

2. 实验方法

我们采用事前事后对比实验的方法，在实施运动方案前（2008.9）后（2009.6），对中国福利会托儿所小、中、大班的肥胖儿童的肥胖度和身体素质变化进行检测，对比其前后差异。

3. 研究结果

（1）肥胖儿童的肥胖度呈下降趋势

对肥胖儿童进行运动干预后，儿童肥胖的好转率从 2008 年的 15.4% 上升到 2009 年的 81.8%，经 x^2 检验，$P<0.005$，说明对肥胖儿童进行运动干预效果十分显著。（见表 2）

表 2　2008 年和 2009 年幼儿肥胖度比较

	肥胖人数	肥胖度		肥胖好转率（%）	x^2	P
		下降人数	上升人数			
2008 年	13	2	11	15.4	10.59	<0.005
2009 年	11	9	2	81.8		

（2）肥胖儿童的身体素质得到提高

对肥胖儿童干预前和干预后的身体素质进行测试，结果表明，幼儿的各项身体素质相比干预前都有较大幅度的提高。（见表 3）

表3　肥胖儿童身体素质变化表

测试项目	性别	人数（人）	干预前（均值）	干预后（均值）	变化值
坐位体前屈	男	6	2.3cm	5.1cm	2.8cm
	女	5	3.9cm	6.8cm	2.9cm
10米折返跑	男	6	10.2s	8.9s	1.3s
	女	5	11.3s	9.5s	1.8s
立定跳远	男	6	62cm	75cm	13cm
	女	5	59cm	71cm	12cm

三、分析与讨论

1. 干预儿童肥胖的最终目标是使儿童的身体素质得到提高

在幼儿园，教师和保健医生往往会存在这样一个误区：只要幼儿减肥了，身体素质是否得到提高不重要。干预儿童肥胖是一项长期的工程，不是短期即可见效的。从表2、表3中我们可以看到，肥胖儿童要想真正脱离肥胖需要继续努力，但可喜的是，他们的肥胖度呈现出比较明显的下降趋势，同时，肥胖儿童经过一定时间的锻炼，身体素质得到了较大的提高。可见，只有在提高身体素质的基础上控制肥胖儿童的体重，才是比较合理、可取的。

2. 增加运动奖励，减少物质奖励

以往干预儿童肥胖的工作，我们都会从物质上或精神上进行奖励，但是过了一段时间发现，奖励的绳子小孩子根本就没有跳，即使跳过几次，之后也就不跳了，缺少持续性。这次我们改成了即时的运动奖励，不仅对做得好的孩子有奖励，对努力做的孩子也有奖励。如在进行上下台阶游戏时，有位小朋友做得特别好，结束之后便马上对他进行奖励，如去玩2分钟海洋球，这样不仅提高了他锻炼身体的积极性，而且对其他孩子起到了很好的刺激作用。还有的小朋友由于年龄等原因，虽然动作做得不是很好，但是很认真，也应给予奖励，提高他锻炼身体的积极性。

3. 运动项目多样，满足儿童的好奇心，促使儿童养成良好的锻炼习惯

肥胖儿童运动干预项目的设计要考虑全面锻炼的原则，仅靠一两个运动项目不能解决问题，长时间的重复锻炼，会造成儿童身体的局部发达和肥胖。因此，应结合本单位实际情况和儿童的兴趣爱好，设计不同类型的游戏，以达到全面锻炼身体的目标。这些项目应该是儿童不经常玩得到但又很想玩的，在这样的刺激下，儿童的锻炼积极性会极大提升。利用儿童感兴趣的项目培养儿童对其他项目的兴趣，可以使儿童在锻炼中找到乐趣，从而养成良好的锻炼习惯。

四、结论

本方案符合中国福利会托儿所肥胖儿童控制体重、增强体质的目的。运动干预方案的总运动时间控制在 30 分钟左右，以中低强度的有氧运动为主，将力量练习与拉伸练习相结合，体现了运动项目多样化、全面化、兴趣化的特色，大大提高了肥胖儿童参与运动的积极性，同时达到了增强体质、控制体重、增进健康、改善身体机能的目的。

（黄丹华）

3. 只为孩子改变
——户外钓鱼游戏材料的调整

钓鱼游戏一直是小班常见的区角活动之一，它既可以促进幼儿大肌肉动作的发展，又可以培养幼儿手眼协调的能力。

这次，我们尝试把钓鱼游戏搬到户外，并和运动相结合，让孩子们在真正的水池里钓鱼，玩得更尽兴。幼儿的活动量与游戏材料的投放存在一定的关系，如何让钓鱼游戏成为孩子爱玩的活动呢？为此，我们就自变量（钓鱼游戏玩法）与因变量（幼儿的运动量）之间的关系进行了一次实验。

第一次

1. 材料提供

水池2个，相邻5米摆放，一个水池里放入小鱼，另一个水池里只放水不放鱼。

渔网：大小、形状不同的有柄渔网10个。

水桶：在塑料小水桶外面贴上表明鱼数量的标志，10个。

小碗：用于舀水给水桶里的小鱼，5只。

塑料小鱼若干。

2. 玩法

孩子们用渔网从有鱼的水池里捞起小鱼放在水桶里，而且捞出的小鱼数量要和水桶上贴的标志对应。用小碗舀水给水桶的小鱼，然后走过中间的小路，把鱼送到没有鱼的水池里。反复进行。

3. 活动情况

我们认为，把数数、手眼协调、平衡、运动、娱乐都整合到了这个游戏中，幼儿一定会玩得很开心。事实却截然相反，小班的孩子凭直觉行动，没有很强的规则意识，看到有水池，他们早就把老师说的要求抛到九霄云外去了。拿到渔网和水桶，就一个劲儿捞鱼。老师只好在一旁不停地提醒他们：看看水桶上面有几条小鱼。被盯着的孩子没办法，只好乖乖地数数，然后把小鱼送到另一边的水池里。从表面上看，孩子们玩得很尽兴，捞鱼、舀水、送鱼，忙得不亦乐乎，但孩子们真的快乐吗？有没有体现运动的价值？有没有体现游戏中的自主性？下表或许给出了答案。

表 1

观察对象	使用工具	数物对应	走动次数
晨晨	大方形渔网	2	3
多多	小圆形渔网	1	0
果果	大圆形渔网	0	2
拉拉	小方形渔网	1	1

4. 反思

在这个游戏中，这么小的孩子被这么多规则约束着，又要数数，又要送小鱼回家，还要穿过小路，有点勉为其难了。而且，多数情况下，幼儿都在捞鱼，没有来回跑动。在整个活动过程中，幼儿基本不会主动匹配水桶上贴着的鱼的数量，需要在老师的提醒下才能完成这个任务，愿意匹配的幼儿最多才完成两次。从走动次数来看，运动最多的幼儿只有三次，最少的一次也没有，运动量是不够的。而且，水桶的容量大，幼儿一次就能将所有的鱼都送到另一边，不能激发他们再次运动的愿望，从而降低了运动量。

5. 调整

既然是户外运动，就要从增加幼儿的运动量方面来调整。我们调整了游戏的内容，增加了"救救小动物"这一环节，目的在于增加运动量。孩子运动的动力来源于小动物被困在没有水的罐子里，需要孩子们用小容器不停地盛水、运水，以解救小动物。钓鱼的环节仍然存在，但用于累了的孩子休息调整。

第二次

1. 材料调整

渔网的数量由 10 个减少到 5 个。

塑料小水桶的数量由 10 个减少到 5 个。

增加小容器——塑料小碗或杯子，共 10 只。

增加加仑净水桶 3 个：将净水桶的顶端出水口剪成大圆形开口，将塑料小鱼、小鸭子、小青蛙放入桶内。

2. 玩法

孩子们用小碗从没有鱼的水池里盛满水，拿着走过中间的小路，把水运到对面装有小动物的空罐子里，通过不断盛水、运水，来解救小动物。一边装有鱼的水池，是为疲劳的孩子们休息放松而准备的。这次，孩子们的活动量明显增加了，但每个人的情况很不一样。

表 2

观察对象	使用工具	走动次数
晨晨	小碗	6
多多	大圆形渔网	0
果果	杯子	5
拉拉	大方形渔网、小碗	2

3. 活动情况

介绍了新的游戏内容和规则后，孩子们再次参与其中。这时你会发现，孩子们的队伍马上分成了两半。一半人怀着救出小动物的强烈愿望，急匆匆地去运水，另一半人直冲向钓鱼水池，继续玩起了钓鱼的游戏。等到运水的孩子玩累了来钓鱼，捞鱼的工具早就没有了。这种情况的出现，导致参与运水的幼儿走动的次数有所增加，多达六次。而继续捞鱼的幼儿最多走动两次，最少的一次也没有。

4. 反思

虽然"救救小动物"的游戏能增加幼儿的运动量，但捞鱼孩子的运动量肯定达不到目标，要想办法让这些孩子也体验"救救小动物"的游戏。看来，只有在材料上调整了。

5. 调整

在 5 分钟的做操时间内，我们对材料进行了调整。对于小班的孩子，只能是一个游戏一个内容、一个规则。为达到增加运动量的目的，我们果断决定停止钓鱼游戏。

第三次

1. 材料调整

将鱼池里的小鱼、渔网、塑料水桶全部撤掉。
将盛水的小容器增加至 15 个。

2. 玩法

孩子们用小碗从没有鱼的水池里盛满水，把水运到装有小动物的空罐子里，通过不断盛水、运水，解救小动物。这次，孩子们的运动量普遍增加。

表3

观察对象	使用工具	走动次数
晨晨	杯子	8
多多	小碗	7
果果	小碗	9
拉拉	杯子	8

3. 活动情况

再次调整后，孩子们都能热情地参与到"救救小动物"的活动中，老师这时需要做的就是不断鼓励幼儿：在送水的过程中既要快又要稳，当心水洒在衣服上和地上。对于一些运动量还没有达到的幼儿，可以鼓励他们在回去盛水的时候跑动，增加他们的运动量。从孩子的走动次数来看，走动最多的达到了9次，一直不愿意走动的多多从0次增加到7次，可见这次调整是卓有成效的。孩子们在游戏过程中还学会了观察，看看罐子里的水有多少，而且通过比较观察，知道哪个罐子已经装满，不需要加水了，哪个罐子还没满，需要加水。齐心协力救出小动物的时候，他们充满了成就感。

4. 反思

游戏材料的设计、选择与孩子的实际需求难免存在差距，要不断根据实际情况加以调整。

（凌怡）

团 队 篇

　　一个人的旅行，寻找独特的乐趣，关注内心的触动，沉思自己的感悟。

　　一群志同道合者的旅行，在共鸣中有所收获，在差异中了解丰富，在矛盾中产生思考。

　　我们需要个体的反思，亦需要同行者的交流，让我们更坚定、更智慧地朝着自己的理想前进。

问题式教研

 **导读与思考**

提出正确的问题就等于解决了问题的大半。

——海森堡

如果你能发现问题，那么你离答案不远了。

——编者

你是否常和同事们拥有同样的困惑，发出同样的感慨？
当教改信息蜂拥而至时，你是否常会感到彷徨无措？
当走进课堂时，你是否常会带着问题去思考？

1. 走进问题式教研

　　幼儿园园本教研在某种意义上是一个发现教育现场的问题、聚焦问题、研究问题并解决问题的过程。任何研究都始于"问题"。教师意识到自己的教学出现了某种问题，并想方设法在行动中解决问题且不断反思问题解决的效果时，已经踏上了"问题—计划—行动—反思"的"问题式"教学研究旅程。

　　问题式教研是基于教师在实际教育教学中遇到的问题开展的一种研讨模式。其目的是利用集体的智慧，在单位时间内帮助教师解决教学实际中遇到的问题，促进教师的专业成长，提升教师的教育教学能力，让教师与幼儿都获得实实在在的发展。问题式教研关注的教学问题，是教师在教学常态下面对的真实的关键性教学问题。

　　那么，应该如何开展问题式教研呢？本文对此做了初步探讨，现将要点逐条列举如下。

　　（1）问题式教研的适用情景

　　教改中的重点问题、教学中的共性问题。

　　（2）问题式教研的参与人员

　　以"问题"为导向，成立专题研究组，只要是与该问题相关的教师，都可以参与其中。可以以学科教研、年级组教研、跨学科且跨年级的形式组织教师参与。

　　在参与人员较多的情况下，可以组建核心成员和外围成员两个团队。

（3）问题式教研的流程

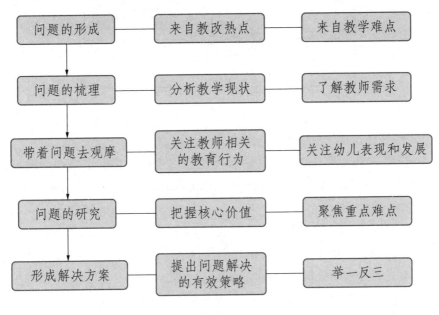

图1

（4）问题式教研的关键

● 树立问题意识

教师在潜意识中容易把经常接触的基本教学问题置于表层，看不到这些问题的重要意义，缺乏研究的意识。

● 了解教师需求

理清和识别教师的需要，对教研活动的持续开展至关重要。应当探明教师关心的现实问题是什么，集中教师的需求，在此基础上聚焦关键问题。

● 找准核心问题

问题式教研关注的教学问题应该是教师在教学常态下面对的真实的关键性教学问题。一个有价值的可行的教研问题应该能在教师的已有经验（生长点）、先进教育理念（支撑点）、教育现实问题（突破点）和发展趋势（挂钩点）之间找到平衡。

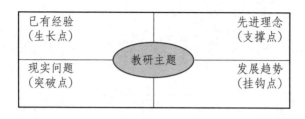

图 2

● 注重在教学现场揭示问题

任何教学问题都是在真实的教学现场出现的。只有走进教学现场，多角度观察教师、幼儿、环境材料，才能发现症结所在，揭示可能的解决途径。

● 合作研讨，聚焦教学细节和改进策略

观点的多样化可以有效防止人们仅仅从个别角度考虑问题解决的方法，并且避免人们仅仅用熟悉的方法解决问题。

在问题式教研中，要鼓励每个成员就自己的观察和思考发言交流。流程一般为：被观摩者反思——观摩者发言（依次说、限时说，只发表个人意见，不对他人意见发表看法）——主持人归纳大家的意见——参与者对别人的观点给予回应。

这样的研讨流程保证每个人的意见都得以表露，并提供比较、思考、聚焦的机会，有利于增强教师的表达、倾听技能。

● 实践验证，追求教学行动改进

问题式教研的目的是解决教学中的真实问题。教育问题需要长期的探索研究，因此问题式教研应当是一个不断发现问题—研究问题—验证结论—再研究的螺旋上升的过程。每次研讨得出的结论都需要在实践中加以验证反馈，可以说每次活动都是下一次活动开展的起点。

（吴玲玲）

2. 托班新教材运用的研讨

一、问题的形成

2009 年，上海市教委推行新教材《学前教育：婴幼儿教养活动（2—3岁）（试用本）》，托班的老师们在实践中发现存在以下问题：不太熟悉教材内容，部分内容不适用，不习惯现有编排方式。这一切均源于新教材的新特点——内容方面：生活、游戏、运动、学习完全融合；活动呈现：高度整合，点状结构；组织编排：打破小主题，内容独立呈现。

二、问题的梳理

我们该如何使用新教材呢？经过交流托班的老师达成了共识：首先，新教材的编写和推行代表了课改的新价值取向，有其专业引领性，所以我们必须读透并领会；其次，任何课程教材的使用都是一个园本化的过程，因此需要开展相关的主题式教研，并结合本园的具体情况开展创新实践。

三、问题的研讨

第一步：研读分析教材

我们共同阅读教材的导言部分并交流分享心得，将其作为集体活动的内容和目标。

为此我们展开了研讨。首先邀请编写教材的专家及特级教师与老师们对话，共同观摩活动，研讨后我们发现，导言以及操作提示和观察要点等具有丰富内涵，可以引领教师关注孩子的已有经验，提示活动的各种组织形式，并且将活动指向孩子的一日生活，体现出托班教养重复、小步递进的特点。

例如，新教材中"打招呼"的内容点，以前我们会设计一个集体活动，研读教材后我们在一日生活的"晨间活动"中创设了跟地面上的太阳公公问早，和悬挂的天线宝宝问好等富于情趣的环节，将新教材中的打招呼、笑脸宝宝真好看、大声回答"哎"等内容融合到孩子的日常生活中，让打招呼不再是刻意组织的集体活动，而是孩子们自己的游戏和生活需求。老师们都发现，新教材是一个素材库，帮助我们对教材的内容进行梳理和链接，并且与孩子的一日活动环节对应、渗透。

图 1

图 2

图 3

第二步：创新实践模式

（1）户外活动的组织

我们在研读新教材的过程中发现，很多活动都建议在户外开展，为此，我们尝试开展了集体运动、游戏、认知、交往等高度融合的综合的"多样化户外活动"。主要有以下活动：

会洒雪花的倒踢筒：在有趣的游戏中锻炼腿部的大幅度动作。

敲击大力士：用各种充气玩具锻炼手部力量的游戏，孩子们同时还进行扮演游戏，体现各自的生活经验；与同伴展开交往……

给小动物洗澡：探索各种工具的使用。

丛林寻宝：利用小树林和纱巾布置成丛林迷宫，体验野趣，亲近自然。

造房子：用鞋盒垒高并体验高矮。

这些活动以户外运动为主，融合适合在户外开展的各类探索、游戏等内容，给托班幼儿提供一个自然、丰富的生活和游戏空间，实现各种户外活动的优化整合。

（2）集体——插入式小集体

在教研过程中，鉴于孩子注意力易转移、兴趣集中时间短的特点，我们将原来相对集中的常规集体活动改为在幼儿的游戏中随机插入的小集体活动，注重孩子学习的情境化、情趣化。

例如，在阅读活动中，有的孩子完全跟随老师的节奏，有的孩子边玩边关注老师的活动，还有的孩子完全按照自己的兴趣活动，而老师除了投入地和孩子一起阅读，还为孩子提供各种"同一故事情节不同阅读方式的布艺书"，供孩子自由选择。阅读《快出来　快出来》就是如此，老师事先在书架上提供绘本，当有孩子选择时适时进行预设的插入式活动：孩子们有的跟着老师一起阅读，也有的玩纸偶，还有的看自己喜欢的相同情节的布艺书……

又如阅读《娃娃生病了》，老师制作生病的娃娃，当孩子在玩"娃娃家"游戏的过程中注意力被吸引时开展插入式活动。这个活动来自新教材中的"喂娃娃"，又加入了孩子熟悉的生病情节，刚度过入园适应期的孩子几乎都有看医生吃药的经历。老师设计的"喂娃娃吃药"的情节，帮助孩子回忆生病吃药的经历并模仿成人的喂药动作，让孩子得到很大的满足，并在喂药的过程中了解了"多喝水、多吃水果就不会生病"，"吃了药病就会好的"，"没有大人在不能随便吃药"，等等。

第三步：交流联动，互助共赢

每个老师在整个教研过程中，都发挥出了自己的优势，年轻的慧是一个有想法、努力、执著的老师，她在孩子们的阅读区设计的各种布艺书受到了大家的关注。老师们交流分享后，在各自的阅读区进行尝试，在托班阅读区环境创设、新书展示方式以及书籍提供方面，获得了很多经验和大量实例。在学期结束前我们展开了"三步走"的联动式教研。首先，邀请下任托班老师进行现场观摩，并邀请专家共同进行现场研讨；其次，在新学期初期将收集整理过的资料在园部局域网公开，鼓励新的托班老师们大胆试用，等老师们有了实践经验后再次开展研讨，交流各自的实践经验，专家给予评价和指导。

新一轮的托班年级组组建后，新老托班开展联动教研，汲取上一轮教研活动的成果，对阅读区环境创设的内容进行全面推广，做到了每个托班都有一个完整的阅读区，并在此基础上确立新的研究突破点：如何创设一个鼓励孩子开口说话的阅读环境？

经过研讨，老师们这样创新了支持途径和方式：

（1）背景的支持

以往我们的阅读区背景常常被忽略，要么留白，要么只有美化而没有教育作用，更不能与孩子互动。在陈石静老师的指导启发下，我们发现阅读区的环境也可以与孩子互动。比如介绍一本新书，因为托班的孩子喜欢熟悉的东西，所以，在背景墙上按顺序展示新书的每一页，让孩子发现并熟悉新书内容，他们就会去关注。另外，一页页展示新书，让孩子学着一页页阅读，感受到图书的顺序，孩子就会学着一页页看，翻过头时，马上会发现顺序不对，这就教会了孩子阅读方法并培养了孩子良好的阅读习惯。而且这个背景也可以让孩子点读。

（2）图书的提供

以前我们只是找一些故事情节简单、图案漂亮的书，却忽略了怎么引发孩子说话。通过观察，我们发现孩子喜欢重复的内容。比如说《连在一起》中，小金鱼与小金鱼连在一起，鸭子与鸭子连在一起……又如《棕色的熊、棕色的熊，你在看什么?》中，出现反复句式"×××，×××，你在看什么"。这样的反复句式，孩子们喜欢而且愿意说。

这些书籍都是老师自己制作的，因为买来的图书往往不能满足我们的要求。比如"宝宝照片"书，里面有宝宝与父母的照片，孩子会反复看和说，并向同伴介绍。又如我们根据孩子的兴趣设计自制的布艺书，有"小动物爱吃什么?"、"谁和谁是好朋友?"、"它们藏在哪里?"，孩子在阅读时会联系自己的生活经验。

在制作时我们还考虑到如何引发孩子的阅读兴趣，所以布艺书各有不同的打开方式，有雌雄搭扣连在一起、扭扭棒拧在一起、麦管串在一起等，给孩子设置悬念，激发孩子读下去的愿望，同时把孩子精细动作的发展巧妙融入，这样的阅读材料很受孩子的欢迎。

（3）立体式阅读环境

孩子的语言伴随着动作，所以我们会看到孩子边摆弄材料边自说自话。针对孩子的这个特点，我们创设了许多立体式阅读环境，让孩子一边操作一边讲故事。

比如，我们根据绘本《背背，背背》制作出一套游戏。绘本里有大鱼背小鱼、大象背小象等。孩子们可以根据自己对大小的感知经验，与小动物们玩背背的游戏。

根据小熊绘本《排排队》创设了立体式阅读环境，老师在提供故事人物的基础上，还加入了自己班级小朋友的照片，孩子们最喜欢拿着自己的照片玩滑滑梯。

我们设计了一本转转书，孩子们会利用已有经验把小书转一转，将上下两幅图片进行一个维度的配对，如小猫爱吃鱼、葡萄是圆圆的等。

我们设计了绘本《打开，打开》，内容很简单，就是"打开，打开，看看是什么? 哦。是××"。我们找来很多不同的盒子，让孩子一边打开一边阅读。内容与绘本有些不同，可以说是拓展了绘本的内容。我们精心设计，把不同的打开方式，不同的图形、玩具与盒子的匹配等，都巧妙融合在绘本阅读中。

在一个玩具橱面上，我们制作了森林背景，上面有小河、草地、树木、房子等，许多故事都发生在这样一个背景中。而玩具橱柜的每个小抽屉里我们分别放了不同故事的角色，这样，孩子喜欢讲什么故事就去拿相应角色。

还有与绘本配套的立体阅读环境，我们选择了绘本中几种常见的物品，比如上衣、裤子、裙子、鞋子、袜子等。需要把模板放在桌面上，才能看出是谁藏在里面，才能找到上衣、裤子、鞋子等物品，所以孩子对这一做法非常喜欢。

在问题式教研的开展过程中，经过实践—分享—研讨—再实践—再研讨—再分享的环节，教师们对新教材的理解不断提升，并在《幼儿教育》和《上海托幼》等专业期刊上发表了数篇文章。

（许敏霞）

9. 托班婴幼儿教养环境创设的有效性实践研究

蒙台梭利指出："教育的基本任务是使每个儿童的潜能在一个有准备的环境中能得到自我发展的自由。"托班婴幼儿的发展是其自发探索环境的结果，因此，营造高品质、对婴幼儿发展有意义的托班教育环境，是托班教养的重要任务。

在托班教养实践中，我们遵循"以养融教、教养融合"的教养工作原则，围绕"开心、开口、开窍"的教养工作目标，提出了创设具有生活化、融合性、情趣性、引发性、能动性等特点的环境，来支持托班婴幼儿的自然发展、和谐发展和充实发展。

一、"生活伴随教育"——环境的生活化

托班幼儿面临适应集体生活的挑战，而且生活和认知经验都比较有限，因此，教师创设的环境应该是婴幼儿熟悉的，并且源自他们的实际生活，能够体现婴幼儿的已有经验。所以，我们托班教养严格贯彻"生活即教育"的原则，在婴幼儿的游戏学习中还原真实的生活场景。

煮汤圆

"娃娃家"里，妈妈在煮汤圆，我们给孩子提供各种勺子，孩子在游戏中发现，漏勺只能舀起汤圆，满勺则可以连汤盛起。水撒了，孩子可以模仿成人的真实生活情景用一旁的小抹布、拖把打扫。一切都跟真的一样！

游戏"煮汤圆"中的加水动作不仅给孩子更真实的感觉，而且也对孩子的探索认知、动作技能有了更高的要求；真实物的添加提高了游戏

的挑战性，满足了孩子对成人世界的新奇感，增加了推进游戏的动力。

二、"运动伴随游戏"——环境的融合性

户外活动自由、宽松的形式符合婴幼儿活泼开朗、好奇好动的年龄特点，有利于丰富和扩展他们的经验。对于户外活动环境创设，我们注重环境的融合性：以户外运动为主，融合各类探索、游戏等适合在户外开展的活动，给托班婴幼儿提供一个自然、丰富的生活和游戏空间。

首先，在空间布局和活动选择上体现全面性。我们利用园所各个不同场地的特点进行户外活动材料设计：运水、玩球、推车等需要大面积的游戏放在大草坪中进行，玩盒子、给小动物洗澡等则放在较为平整的塑胶场地进行，骑小车、走不同的路等安排在走廊开展，收集小宝贝、丛林探险等以增加活动的情趣性为目的的项目放在小树林里进行。另外，我们在大草坪的一片区域围起网栏，让孩子们在区域内进行球类游戏，包括抛球、踢球、滚球、投球、用不同的棍子击球等，让托班孩子自由选择不同的形式玩球，既满足了孩子玩球的兴趣需要，又能将球有效控制在一定范围内。在整体布局之余，我们也重点考虑低龄孩子的各方面动作发展，包括爬、走、跑、骑、拣、推、拉、击打、投掷，并为此做了全面考虑，确保孩子动作的全面发展。

其次，在材料设计上凸显整合性。整合性的材料设计对婴幼儿的游戏有更大的支持作用，多通道的环境刺激唤起婴幼儿的综合经验，并有利于婴幼儿的旁观和交流。我们大量地运用真实物品，注重促进孩子视觉、听觉、触觉、知觉、运动觉等各种感觉的发展。

再次，在活动设计上强调有趣性。我们注重选择适宜低龄孩子的富有情趣的内容。材料不规定固定的玩法，给予孩子最大的想象空间，让他们充分运用自己的已有经验开展游戏。

三、"开心伴随开窍"——环境的情趣性

《上海市0—3岁婴幼儿教养方案》中提出婴幼儿的教养"以亲为先、

以情为主"，以期在适宜的环境中让婴幼儿"开心、开口、开窍"。我们在教学实践中，努力为婴幼儿创设他们熟悉的环境，从他们的情绪满足着手，以其感兴趣的生活为主要内容，从多个侧面引导幼儿利用多种感官，达到以景生情、以情促知的目的。

倒踢筒的变迁

原先的倒踢筒是为了让孩子进行腿部运动，孩子们躺在树荫下用脚踢动绑在绳子上的圆筒。为了增加兴趣和体验，我们在不同的筒里加了不同的小物件，如铃铛、积木、石子等，让孩子在踢动过程中有不同声音的体验。但是声音的刺激在户外不那么明显，孩子们并不十分感兴趣，于是老师们又开始尝试让倒踢筒有所变化：将筒的一侧开一条小口，装进很多碎纸屑，只要孩子们用力一踢，倒踢筒一转，这些纸屑就会像雪花一样飞出来，孩子们兴奋极了。然后，我们又在不同的筒里装进不同颜色的纸屑，孩子们踢完这个踢那个，忙得不亦乐乎。

我们为幼儿提供数量充足、满足多种感知需要的玩具和材料，它们应该是多功能的，具有多元性和整合性。我们要挖掘材料中隐含的教育价值，让孩子在摆弄、操作物品的过程中，获得各种感官活动的经验。孩子的全面和谐发展只有在一个丰富多样的环境中才能实现，这样的环境能引发孩子在不同领域的活动，刺激他们的多种经验。

四、"动作伴随语言"——环境的引发性

2—3岁是语言发展的关键期，除了日常生活中的语言练习，专门的语言练习相当重要。专门的语言练习可以对他们在日常语言交际中获得的语言素材进行提炼和深化，以达到婴幼儿对语言规则的理解、有意识地记忆和运用。

巧用绘本——快出来

我们提供了各种图书和绘本，对如何引发孩子开口更是费尽苦

心。最后，我们决定把图书《快出来 快出来》设计在一个木偶戏台上，孩子们可以打开相应形状的图形，拿出藏在里面的小动物，并夹在相同颜色的夹子上。这让孩子们饶有兴趣地参与游戏操作并主动开始语言练习。

当我们把一本平面的书变成一个可以打开看看、拿出来玩玩、再藏起来等立体化的游戏环境时，孩子们主动开口了，适宜的情景化操作有效引发了孩子自发练习。我们逐渐发现，要想有效促进幼儿自发的语言练习，相应的操作设计的尺度需要把握精准：复杂了，孩子不开口，太过简单了，孩子没兴趣。

五、"操作伴随调整"——环境的能动性

托班孩子的情绪是不稳定的，兴趣随时会改变，操作行为也同样短暂，对此，应注意随幼儿的兴趣不断调整、补充活动的内容和材料，满足幼儿的需要。我们在创设环境的过程中，根据孩子的不同经验、操作情况，随时随地进行常态性的微调。

同种材料纵向调整——小电梯

在托班孩子刚入园的适应阶段，我们设计了一幢小房子，里面装有可以升降的"电梯"，还提供了班里每个孩子和老师的照片，要求孩子们看着照片，说自己的朋友的名字，在电梯的升降中说说自己的家在哪。随着孩子的认知发展和生活经验的丰富，而后我们把楼房布置成不同的式样，有红色的阳台、种花的窗台、小鸟的笼子等，还贴上了表示楼层的数字标示，又提供了小房子、牛奶及报纸等材料。孩子们会将这些卡片放进不同的窗台，嘴里自言自语：我把报纸送给妞妞，我家住在 5 楼，小雨家种花了……

不同发展水平和生活经验的孩子需要完全不同的游戏情境，老师们应当追随孩子的发展将同种材料进行纵向调整，让环境始终满足孩子的发展需要。

不同材料横向调整——街心花园

"钓鱼"、"马路上的车"、"动物园"这些游戏，往往以独立的方式呈现在孩子面前。针对孩子在游戏中无意间将材料打翻，将材料随处搬动及同伴间产生矛盾的情况，我们逐渐将各个独立的游戏调整为一个综合的大街心花园。孩子们开始将从鱼塘里钓到的鱼送到动物园里的小猫家，用小卡车装鱼，给动物园的小动物找朋友，给马路上的车加油……

调整后的大空间相对小空间而言，对低龄儿童的游戏活动有更大的支持作用，大空间符合低龄孩子的动作宽幅性的特点，主题式的环境唤起了幼儿的综合经验，开放式的格局有利于其他幼儿旁观并进行交流。

环境是一种潜在的教育因素。良好的教育环境能促进婴幼儿轻松愉快、自由主动地去发现、思考、探索，自主获得知识经验。创设托班教养环境，起点是解读孩子、顺应孩子，只有如此，才能创设出有效的、支持性的环境，真正促进每个孩子的发展。

（许敏霞）

4. 带着问题看活动

问题式教研注重走进教学现场去观察、发现、思考真实的教学问题。为了让教师在走进教学现场时树立问题意识，有重点、有针对性地进行观察和反思，教研组可以在每次活动前制订观察计划，帮助教师带着问题看活动。

以下是一次"带着问题看活动"的教研实录。

小二班半日活动

幼儿是在自主操作、自主探索中主动积累经验、建构知识的，越是幼小的孩子越是如此。高品质的环境是幼儿开展积极有效的自主学习的前提。一位真正关注孩子发展的教师，必然是一位着力创设一个能充分激发幼儿自主学习的环境的躬行者。

执教者：金宇清

时间：8:30—10:00 观摩　10:00—11:00 研讨

主题背景：春天在哪里

主题目标：感受春天的美丽，了解（发现）春天的一些特征。

环境创设：蝴蝶的世界、春风

思考问题：

1. 你所看到的幼儿自主学习环境与通常的教室环境有何不同？

（1）材料的特点和幼儿的使用情况；

（2）幼儿学习过程中的情绪情感及生生互动状况；

（3）教师在幼儿学习过程中的作用。

2. 和谐、有序、自律的常规有哪些作用？教师以什么策略来培养幼儿良好的常规？

（1）幼儿一日活动常规培养的方法和策略；

（2）特别关注在区域中进行讲评的形式，它较之集中讲评有何特点？

注意事项：

1. 活动参加者请携带好相关资料和记录表格，并详细记录相关内容；

2. 活动过程中，参加者选好站位，尽量不要走动，亦不要相互交谈，以减少对活动环境的干扰。

半日活动观摩记录表

观摩内容	自主环境内容	幼儿自主学习活动片段 （幼儿的语言、操作水平等）	教师对幼儿学习的支持作用
环境创设			
常规培养	常规内容	幼儿遵循情况	效果分析

（陈磊）

诊断式教研

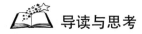 **导读与思考**

研讨教学问题的目的绝不是对授课情况的好坏进行评价，因为对上课好坏的议论只会彼此伤害。研讨的焦点应针对授课中的"困难"和"乐趣"所在，大家共同来分享，以达到教研的目的。

——佐藤学《静悄悄的革命》

我不能替别人思想，没有别人我也无法思想，别人也无法替我思想。

——保罗·弗莱雷《被压迫者教育学》

你是否忙碌工作，却难以突破现有的水平，渴望有人指明发展的方向？

当有人走进你的教室时，你是否觉得焦虑或不安？

你能否给同事们专业、客观的意见和建议？

1. 走进诊断式教研

佐藤学认为教师不应该是独行者，应该打开教室的大门。但要对周围的人完全敞开自己，并不是一件容易的事情。走进别人的教室，发表专业的见解，对他人予以支持，同样是一种挑战。如果说问题式教研是针对教师共同关注的问题进行探讨与分享，那么诊断式教研则是运用团队的力量，帮助教师走出专业困境，实现个体的发展。对于如何开展诊断式教研，本文做了初步探讨。现择要点列举如下。

（1）诊断式教研适用情景

主要针对新手教师、处于发展瓶颈的成熟教师而展开，调动幼儿园教育资源，组成诊断小组，以一种教学活动形式为切入点，对被诊断教师进行持续性的观察和研讨，推进被诊断教师教学行为的改进。

（2）诊断式教研参与人员

一般由主管教育的副园长或教研组长主持，组织教师形成诊断小组。同时，可以选择两到三个处于同样专业发展阶段的教师作为诊断对象，诊断者的组成包括主持者、在教学领域有专业特长的骨干教师，诊断对象之间亦可以互为诊断者与被诊断者。

（3）诊断式教研的流程（见下图）

（4）诊断式教研的关键

● 责任明确

每个参与者必须承担在诊断活动中的责任。

组织者：明确每一阶段诊断活动的重点以及每个参与集体诊断研讨人员的职责，对教研活动提供行政保障；作为诊断者中的一员，参与每次诊断研讨活动，主持研讨；在研讨结束后，对被诊断教师的后续实践活动进行观察指导，了解教师在诊断研讨活动中有什么收获，对下一步工作方案提供指导性建议。

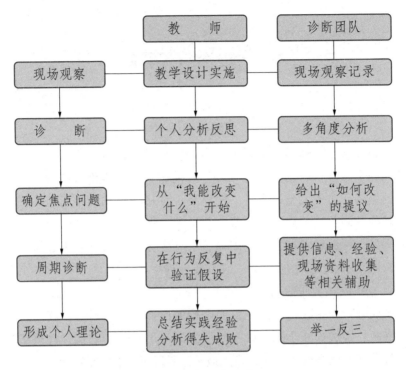

诊断式教研流程图

诊断对象：每次观摩诊断前，被诊断教师要制订相应的活动计划，在计划中要体现本次活动中教师观察的重点、材料设计分析以及思考；让每一位前来观摩的教师有目的地进行观察并记录；每次诊断后一周内，对自己的实践活动进行反思与调整。

诊断者：每次观摩诊断前，熟悉被观摩者的活动计划，选择自己的观察任务，在活动当天做相应的记录与分析。

● 互相倾听

倾听是互相学习的基础。诊断活动中被诊断者与观摩者之间的关系是平等的，每次研讨活动是一场专业的对话、分享，而不是批判与争辩。因此，在讨论的过程中，要学会倾听各种不同的意见，正如佐藤学所说："只要我们稍微给自己内心的声音一些注意与尊重，它就会以一种更温柔的方式回应，使我们参与到赋予生活活力的灵魂对话中。"

● 持续性的思考

诊断活动中集体的观察带来大量的信息，讨论时会议主持者要让参与者对信息进行分析和选择，重视对关键性问题的持续性思考，避免每次的讨论之间缺乏联系。

（徐冰）

2. 燕之涅槃

　　燕已经工作四年，曾经跟随美术特级教师学习美术教学，做过两年班主任，是一位在教学和班级组织上已经有了一定经验的年轻教师。

　　燕喜欢孩子，在班级里也很受欢迎，但工作四年之后，她感觉个人的成长似乎进入了徘徊期：日常工作渐渐驾轻就熟，教学活动也走入了一种惯有的模式。在熟悉的工作中，她心里充满了不满足，觉得自己需要学习和改进的东西很多，但又无从下手，一次次试误的经验积累似乎并不能满足她期望的专业发展的速度。进入教学行为诊断研究小组，燕的期待是：全面审视自己的专业发展状况，寻找突破口，让自己的专业发展更上一层楼。

我有"问题"吗

　　第一次进入燕的班级观察，燕进行的是一次区域活动。她事先为研究小组提供了当天的活动计划和班级区域分布图。研究小组根据燕提供的材料，分配了活动当天的观察任务。区域活动之后，第一次诊断会议开始了。

　　燕首先对自己的活动进行了分析，指出自己对活动的调整，在活动中与孩子进行互动的适当与不足之处。紧接着，小组成员们根据自己所在区域的观察情况和燕的自我分析开始讨论，意见汇总为以下几点：

　　● 燕在区域活动中尽可能给予孩子帮助，对区域活动的指导有一定的基础和策略。

　　● 燕太忙了，整个区域活动中总是不断有孩子站在她身后等待帮助，她几乎都在跟着孩子跑。

● 燕在个别孩子身上花费的时间过长，没有兼顾到班级的其他孩子。先后在两个孩子身上共用了35分钟进行指导，而有些孩子却完全游离在区域之外。

● 在与孩子的互动中，燕的指导遵循原有的设计思路，对孩子的问题把握不足。

● 区域活动材料的设计还要注重层次性，以满足不同层次孩子的学习需要。

"关键问题"在哪里

对诊断组成员们的意见，燕觉得都有一定的道理，但也提出疑问：这些问题都不是一朝一夕能改变的，自己应该从哪儿做起呢？燕的疑问亦引起了小组成员的思考：如果没有一个好的切入点，头痛医头，脚痛医脚，在"游击战"中积累经验，教师的成长仍将处于无序状态。

经过几轮讨论，诊断小组提出了以下诊断：

通过对燕的区域活动进行观察，发现有以下几个突出的现象：

现象一：焦点

在教室中，孩子虽然分区、分角各自活动，但教师才是实际的主角和活动的焦点。燕穿梭于活动空间，孩子的呼唤声此起彼伏，甚至出现好几个孩子在排队等待燕的指导的现象。

现象二：断点

教师的介入，没有支持或延续孩子的活动，反而将其打断，使本具有连续性的活动出现了断点，让孩子失去了个人思考的空间。

现象三：盲点

教师对某个区域或某个孩子的指导时间一长，就会形成视觉盲点，其他孩子就会处于被忽略的状态。这些孩子游离于活动之外，或闲聊，或发呆，或在教室中游走闲逛，并未成为教师教育资源中的一分子。

以上现象因何产生？问题根源又在哪儿呢？课题组成员通过反复讨论分析，认为问题的关键就在于教师的观察。具体从以下三点分析：

首先，教师在活动中缺乏观察者的角色意识。教师和孩子都习惯了教师在活动中扮演指导者和评价者的角色，孩子的活动少不了教师的询问、指导和评价，教师也习惯了这样一个工作流程。这就造成教师像只忙碌的蜜蜂穿梭于教室，总是有孩子尾随其后。也就是前面所说的"焦点"现象。

其次，教师在活动中"多观少察"。"观察"应该包括两方面：一是"观"，看孩子们都在做什么，二是"察"，这是一个判断的过程，分析孩子的活动水平与面临的情况，由此决定是否介入。少"察"导致了教师的介入不合时宜，出现了"断点"现象。

最后，教师主要停留在随意观察的水平上。教师在活动之前缺乏"我今天要观察什么"的思考，从而对持续一定时间的活动观察缺乏整体把握。观察有点无面，会出现"盲点"现象；观察有面无点，把握不了孩子的活动水平，则出现"断点"现象。

"冰冻三尺，非一日之寒。"对于如何改变多年形成的工作习惯，课题组通过研讨决定，先以观察形式为问题解决的切入点。形式上，教师的观察分为整体观察与局部观察。整体观察，是教师针对整个活动区域的布局和全班幼儿的活动情况进行粗略的观察。局部观察，是教师针对某一个幼儿或某一区域的内容进行仔细的观察，做到对每个关键环节都有清晰的了解。让教师从观察形式入手，改变惯有的工作模式，调整自己的工作视角和工作方式。

从观察形式入手，这是诊断组成员提出的第一阶段的诊断重心。但燕对这一症结还缺乏切身体会，于是，在周期诊断之初，我们要求燕在活动中尽可能退出教室，冷静观察孩子的活动情况，做一个"旁观者"。几次"旁观"之后，燕有了自己的体会：

首先，有了整体的概念。更多的整体观察，使那些平常不大注意的角落和孩子都呈现在老师的眼中，老师脑海中有了活动的整体现场图，而不再只是部分区域和部分孩子。

其次，眼中的个体与活动也发生了变化。由于有了完整的局部观察，老师对孩子的发展水平、材料的投放和环境设计的适宜性有了较为准确的了解。老师不再完全按照自己的设计意图指导孩子，而是更多地关注他们自身的特点及相互之间的关系。活动主题的萌发也更多地来自老师在倾听和观察中捕捉到的孩子的兴趣点。

再次，观察中的苦恼与困惑。一是孩子的追随，当老师努力从"指导者"和"评价者"的角色中退出时，孩子仍习惯于原有的师生互动模式，不断寻找老师，打断老师的观察。二是老师在观察过程中，不知如何把握整体与局部的关系，如何更有效地进行转换。

如何解决问题

"集体审议"——在问题背景下，在持续反复的讨论中，更加深入地分析问题并寻找更完善的行动方案和技术策略。

围绕观察，诊断小组开始了对燕的周期诊断。但是，这种诊断的结果如何，小组成员们都没有把握，只能在一次又一次的观察活动中摸索前进。活动延续第一次的模式，但在两方面进行了调整。

● 在观察内容上，小组成员除记录自己所在区域发生的事件，还要记录教师在本区域活动的时间，以便活动后综合分析教师在整个区域活动中观察与指导时间的分布。

● 在观察记录上，小组成员不仅为燕提供现场的观察记录，同时也写出自己的思考，而燕在得到这份材料后，也要针对实录和小组成员的意见写出自己的想法。交流不局限于会场上的讨论，这更加丰富了每次活动中所产生的信息。请看以下观察记录：

观察记录表

区域名称：<u>美工区</u>　　　活动人次：<u>10 人</u>

时间	实录	观察者的分析	被观察者的思考
8:20	幼儿甲乙都在用牙签搭房子，幼儿丙在剪小草，幼儿丁在做小花。 　　老师对甲说："房子造好了？房子是为谁做的？""小动物。""我们去请小动物进来住好吗？"老师取出动物，说，"这里有些小动物，你请谁住进去？""小山羊。""这是谁？""小猴。""小动物住好了，送到哪里去？送到动物园好吗？" 　　幼儿一搬动物就倒下，老师说："有没有办法让它搬的时候不倒下来？""用橡皮泥。""给它一个椅子请它坐好。"	教师引导幼儿进行延伸活动。	"用橡皮泥将小动物粘住，就像坐在椅子上一样"，是孩子的创意启发了我。这使我充分感受到了孩子与教师之间的互动效果。教师的灵感往往来源于孩子。
8:26	一幼儿发现美工区的椅子不够，要自己搬椅子。老师说："在美工区可以自己搬椅子吗？等一会儿再来好吗？"另一幼儿也想来玩，老师说："你刚才的玩具收好了吗？还没收？先去把玩具收好了再来。"	巩固常规。	

续表

时间	实录	观察者的分析	被观察者的思考
8:33	老师对幼儿丁说："怎么有的菊花花瓣往上翘，有的往下？我来试试好吗？这根往上翘的像什么？""摇篮。"老师故意粘反，说："咦，它怎么往下了？""要反过来。""菊花花瓣多一点好还是少一点好？""少一点。""看到过真的菊花吗？""没有。""我有一盆菊花，我带你去看好吗？"老师拿来一盆菊花，说，"这盆菊花的花瓣多还是少？""多。""多一点好看是吗？我们再做一点。"	在一问一答中，教师逐步引导幼儿观察材料的特征和制作要点。实物是幼儿最好的观察对象。	和这个孩子一同制作菊花的过程，使我认识到，孩子有时十分固执，但他们相信事实。"亲眼所见"比老师千遍万遍的解释更有效。
8:37	幼儿甲把小动物都粘在泥工板上了，这时幼儿乙也建完了房子，把小动物放进房子里。 幼儿甲说："我教你个好办法，用点橡皮泥。"说完，拿来橡皮泥帮幼儿乙粘。	幼儿间发生的学习行为。	小班孩子之间能产生互动，这让我分外感动。自发的交流学习在锻炼孩子能力的同时，也为老师留出了更多观察的时间。
8:44	老师对幼儿丁说："菊花做好了？我们一起送过去，好吗？"和幼儿丁一起把做好的菊花贴到墙面上，说："今天做了许多花，满意吗？明天再做吧，去把桌子收拾收拾。"	教师和幼儿一起把"作品"贴在墙上展示，体验成就感。	

续表

时间	实录	观察者的分析	被观察者的思考
8:45	孩子离开，又换了一名幼儿。		
8:47	又有一名幼儿来做菊花，他问老师："菊花怎么做?"老师带幼儿看墙面上的范例，说："这里有做好的花，你可以拿一朵去看。但我们要收了，明天再来好吗?"	以委婉的方式提示孩子区域活动行将结束。	

"个体审议"——在问题背景下，在具体的教育场景中，教师结合自身的教学，深入分析问题并确定解决方案。

在个人反思的基础上，燕要根据自己在每次区域活动中的工作进展和诊断小组成员提出的意见与策略，提供阶段发展报告，阐述自己对区域观察这一教学行为的思考和实践经验。

在周期诊断的过程中，燕的观察行为实现了螺旋式上升，经过一个学期的实践探索，燕写下了她第一阶段的工作小结。

（潘燕　徐冰）

9. 区域观察：合理分配，详略得当

在我第一次接受集体观摩时，前来观摩的老师们就为我提供了一些"触目惊心"的数据：在一次区域活动中，我进入语言区超过 10 次，每一次的指导时间却只有几秒钟；在数学区观望了 2 次，但没有进入区域指导；在建构区指导 1 次，却花费了十几分钟……这些数据足以表明我的观察指导时间分配不够合理：语言区看似是我观察指导的重点区域，但每次我都是匆匆而过；对于其他区域明显关注不足，当孩子出现困难时，我没有给予足够的关注；一些本应让孩子自由表达的区域，我却花了大量时间来指导，只是帮助孩子解决了一些事务上的问题，并没有激发孩子的创意……

老师们提出，我首先要做的就是学习合理分配观察时间，做到详略得当。那如何改变呢？为此，我经历了以下阶段：

一、明确重点，收集有效信息

根据诊断组老师们的建议，我决定从自己最有把握的语言区入手，改变观察策略。

首先，罗列观察重点。然后，根据观察重点进行前期信息收集，如不同水平的幼儿对材料的操作情况，幼儿在操作过程中出现的问题，等等。通过收集详细的信息，新教师就可以合理分配时间，把握观察重点。

在前期信息收集的基础上，我制订了一份重点明确的观察计划。这样一份观察计划在第二轮诊断中得到了一些老师的认同，但也有老师提出：观察计划要具有可操作性，要能真正指导观察。比如，不能笼统地说语言区每套材料的观察要点为观察幼儿能否自主表达，激发幼儿表达的兴趣等。诊断小组在第二轮研讨中的分析给了我很大的启示，我开始进行下一步工作。

二、分析材料，调整观察内容

在区域活动的准备工作中，我开始投入很大一部分时间在分析材料上。其实，教师在设计区域材料时都会有一个设计意图，即要培养幼儿哪方面的能力。但是很多新教师都会忽视这一点：不同的材料设计意图不一样，因此，我们的观察方式和关注点也应该不一样。

我开始逐一分析语言区的材料。对于一些鼓励幼儿创编故事的材料，我认为要重点观察幼儿和材料之间的互动，教师不一定要时刻陪伴在幼儿身边倾听他们讲故事，可以给幼儿留一点空间，或安排生生互动的环节，让幼儿讲给同伴听，也可以在集体讨论的时候统一介绍。而对于一些培养幼儿逻辑思维的材料，教师可以将重点放在倾听幼儿的讲述上，看幼儿能否"自圆其说"。对于新投放的操作材料，则要重点关注不同水平的孩子在操作中出现的状况，看看材料是否有调整的必要……

我在日常实践中不断尝试自己分析材料，开始觉得观察记录表已经不能满足我的需要，于是我利用空隙时间用记录本简单记下自己发现的一些问题或现象。在接下来的研讨中，回答老师们的问题时，我开始言之有物，能说出前因后果，不再像以前一样，面对提问茫然不知所措。

对区域活动，除重点观察，还要随机观察。那么，如何做好随机观察，尽可能让自己的区域观察不出现盲点呢？

三、借鉴经验，提炼随机观察策略

观察其他老师的区域活动是一种非常有效的学习途径。在观察过程中，我经常记录其他老师在一次区域活动中的时间分配以及随机的观察行为，借鉴其经验。我总结出了以下一些有助于做好随机观察的小策略。

第一，有效巡视。在走进重点区域进行指导的时候，教师可以适当放慢脚步，对整个教室或某个区域进行巡视，尽可能收集更多的信息。

第二，精心选择站位。教师的站位是非常重要的。为什么老教师可以在第一时间发现问题，而新教师却发现不了呢？很大原因就在站位上，有时候只要侧一下身就可以发现更多的问题。因此，教师在站位上要尽量避免背对整个教室，要让自己的视角尽可能大。

第三，让幼儿自己记录。教师可以让幼儿评价和记录自己操作材料的情况，以弥补教师观察时间的不足。如益智区里可以提供两两操作的棋类游戏，并提供相应的记录表让孩子们记录各自的操作情况，然后教师和孩子们一起讨论分析记录情况。这样，既可以鼓励孩子用多种方式进行创意记录，教师又可以间接了解孩子的游戏水平。

在这一学期的区域诊断研讨活动中，我逐渐走出了忙乱无序的观察状态，开始主动分析自己的观察行为。而当我的区域观察变得有序时，我发现自己的脚步变得从容了，指导学生时也不再焦虑了。在区域观察上，我还需继续努力，要让自己的观察力更加敏锐，对信息的判断更加准确。

（徐梦懿）

课例式教研

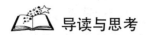 **导读与思考**

我之所以比前人看得更远，是因为我站在了巨人的肩膀上。

——牛顿

一切与发明创造有关的事物，都是借来的，美与形莫不如此。

——万德尔·菲利蒲

你是否曾在师傅手把手的指导下开始教学？

你觉得模仿经典课例的最大收获是什么？

你觉得运用好经典课例的关键是什么？

1. 走进课例式教研

牙牙学语，蹒跚学步，人的学习最初都是从模仿开始的。模仿不是创造的对立面，而是创造的基础，模仿使人具有创造的技能和知识。课例式教研正是通过模仿优秀课例，把握优秀教学设计的原则，帮助教师提升教学经验，设计适合孩子的优秀教学。对于如何开展课例式教研，本文做了初步探讨。现择其要点介绍如下。

（1）课例式教研适用情景

作为教师专业学习讨论的方式，课例式教研选取优秀的教学设计，通过观摩教学录像，在班级中开展模拟教学。教师们可以合作研究，轮流模拟，并结合实际教学效果，分析思考教学设计的精彩之处，以及针对本班幼儿必须做出的调整，总结优秀教学设计与实施的原则及策略。

（2）课例式教研参与人员

可以采用学科教研、年级组教研的形式组织教师参与。

（3）课例式教研的流程（见下图）

（4）课例式教研的关键

● 选取喜欢的课例

老师们只有真心喜欢，才会投入地研究课例。带着情感的模仿，比任务要求下的模仿更容易把握教学的精髓。

● 用心钻研课例

教学的优秀经常体现在问题设计的独到和教师回应的巧妙上。模仿者如果未能领悟问题的价值所在，在现场就无法正确地回应孩子，也无法产生积极有效的互动。因此，在观摩教学阶段，要认真分析教案，梳理每个环节的教育目标，观察实际的教学效果。

● 立足孩子的实际情况进行调整

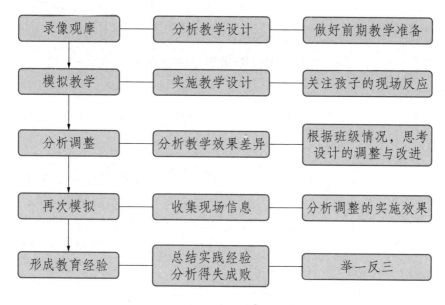

课例式教研流程图

优秀教学活动的设计与实施，首先需要教师了解与把握孩子的已有经验和水平。在模拟教学时，要思考设计的情节、需要的经验表达、能力挑战是否适合自己班级的孩子，并根据本班孩子的实际情况对活动目标、内容作出必要的调整。

● 不同水平、不同特长的教师可以有不同的关注重点

在模仿的过程中，教师可以根据自己的水平、特长选取关注重点。比如，新教师在观摩活动中关注活动的实施环节，重过程和形式，而有经验的教师关注活动细节。教师的共同参与有助于对课例进行更加全面的分析和把握。

● 在模仿的过程中提炼优秀教学的设计与实施经验

模仿的目的是创造。因此，每次模仿后的研讨是课例式教研的重点。教师应当对比实施效果，分析成败，探讨优秀教学设计与实施的原则，提炼教学经验，以便在日后的教学设计与实施中举一反三，恰当运用。

（徐冰）

2. 在模拟和反思中提高实践水平
——"饼干乐园"教研有感

最近，我们小班教研组围绕上海市二期课改的十个示范活动之一——"饼干乐园"进行了一系列集体教研。这次我们结合了各种教研形式，以轮流试教、集体研讨为主，组里的每位教师都尝试执教了这个活动，并在吴积静老师的指导下，多次进行反思讨论，调整教案和实施办法。最后，整个教研活动以面向区一级的公开教研作为收尾。可以说，其中每一种教研形式都起到了不同的作用。

自学示范课——向示范活动学什么

活动前期，我们要求每位教师通过看录像的方式自学示范课，但每位教师关注的角度不同：新教师主要关注活动的实施环节，重过程和形式，有经验的教师则更多地关注活动细节；语言特长的教师关注教学语言设计，数学特长的关注教师活动开展的逻辑性。

在各自观摩以后，我们组织了一次集体教研，交流彼此的观摩心得，有经验的教师指导新教师如何观摩、学习示范课，对后者帮助很大。大家认为，示范课中教师较好地抓住了小班幼儿的年龄特点，用符合其特点的教学语言进行指导，从而帮助孩子明确要求、理清思路。例如，示范课上教师用简短、清晰、强调性的话语交代任务——"看一看、选一选，选一种喜欢的饼干，拿一块"，这样的要求能让幼儿更好地理解并完成教师布置的任务；在请幼儿等待时，用了"小饼干、小饼干，你别着急，我们马上就和你做游戏"这样形象生动的语言；在幼儿吃饼干前，又用儿歌"小手小手接接好，别让饼干屑掉地上"来提醒幼儿。

轮流试教——对活动细节的把握

自学示范课之后，我们的教研进入了轮流试教阶段。除每周一次的常规教研之外，还进行了一些临时教研，主要就教师执教的感受、得失以及在下一次试教中需要注意的问题进行讨论。对活动细节的追求和把握是教研重点之一，尤其是有经验的教师，当驾驭活动过程已经不成问题时，要注重对细节的把握。

在多次的试教中，每一次选择的饼干都不同，既有现成的饼干，也有自制的饼干，因为要考虑颜色、大小、形状等方面的异同，要利于幼儿的描述与配对。而饼干的呈现方式对幼儿的操作也有影响：饼干是斜插式摆放还是平铺式摆放在盘子里，盘子是横着还是竖着摆放，应该选择大盘子还是小盘子，等等。一次活动中，老师用小筐给孩子装饼干，实施中发现饼干重叠着堆放在筐里，不利于孩子对饼干的观察和比较，在下一轮的试教活动中就改成了用长盘子，这样孩子可以把所有饼干并列摆放。很多细节都是这样经过细致考虑与设计的。

又如卫生、桌椅摆放、食物的浪费等，看似小问题，却大有讲究，一个细节可能会对孩子们的思维习惯和学习效果产生影响，所有这些都让我们在教研中费了不少心思。

专家指导——活动的定位与设计的调整

虽然我们主要是模拟示范课，但在实践过程中，根据实际情况，我们对示范课既有学习又有改进。当我们的教研着重通过过程的流畅和细节的完善来提高活动效率时，专家的指导从另一个角度为我们打开了思路。特级教师吴积静在看过我们的一次试教后提出，集体数学教育活动的价值更在于提高幼儿对数学活动的兴趣，帮助幼儿获得某种数学能力，而不只是练习数学技能。这个活动的重点不应落在对多种分类方法的学习上，而是要让幼儿了解对一样事物可以从多种维度描述特征，从而为之后的多维分类打基础。在吴老师的指导下，我们调整了活动的目标，把"在看看、比比、分分、尝尝等过程中，发现饼干的不同大小、形状、颜色、口味等，进一步提高观察、比较和分类的能力；能用简单的语言大胆地表达自己的发现"，调整为"在看看、比比的过程中，发现饼干的不同特征，并能用语言表达"。活动的难点在于启发幼儿发现饼干的多种特征并用语言进行描述。目标改变，相应的活动环节设计也进行了调整。当最后一次教学时，我们的教案已经与原始教案有了较大的区别，更加注重提供给幼儿语言表达的机会，强调幼儿的观察，注重生生互动，培养幼儿的数学兴趣，启发幼儿多维分类的意识。

集体研讨——集体数学教育活动在整体课程中的定位

在最后一次面对区一级的公开教研中，我们将教研的重点放在"集体数学教育活动在整体课程中的定位"上。二期课改后，数学活动在课程中的设置一直是令我们困惑的一个问题。完全融入主题很难做到，有硬套帽子之嫌，区域活动里有大量的数学操作材料，集体活动还需不需要呢？如果要进行集体活动，到底又应该发挥什么作用呢？再次看这节示范课，它对我们启发最大的就是将幼儿的生活与学习真正建立联系，从吃饼干这样一个幼儿每天都会经历且习以为常的活动中，发现了可以促进幼儿认知发展的契机。这一集体教育活动把握住了两点：一是取材于幼儿的生活，二是把握幼儿现有的发展水平，据此定位教育的提升点。

年级组中数学教育经验相当丰富的方玥老师和我们特邀的田喆老师都与大家分享了自己的心得：二期课改的理念并不是一定要在活动中将各方面都整合，或者一定要在主题背景下进行，而是希望教师在设计活动时更贴近孩子，贴近孩子的生活，让孩子既学会知识，又提升能力。数学课程渗透在幼儿的日常生活中，教师应当在幼儿个体学习的基础上寻找幼儿的共性问题或不同经验。

这次教研充分体现了教学与研究两者的结合，大家带着研究的问题进行活动、观摩，活动后研讨，再将研讨得出的结论运用于教学，它使教师感到研究结果是有价值的，对实际教学能起到立竿见影的效果。而以示范课为载体进行探究与创新，也是幼儿园教研的有效途径之一。教研组的老师们都感到，这次对"饼干乐园"的教研的确取得了非常好的效果，通过反复模拟实践与反思调整，各个层次教师的专业水平都得到了不同程度的提高。

（骆效瑜）

♪. 向特级教师学课

在课例式教研活动中，我选择应彩云老师的"会动的身体"（参见《孩子是天　我是云》）作为公开课。这是因为反复阅读后，我发现应老师的教案思路十分清晰，教案中的目标与内容紧紧相扣，每个活动后的总结清楚明了，尤其值得新教师学习。

下面，我以"会动的身体"这节课为范例，总结自己学习成长的过程。

公开活动前两周，我就开始准备此次开课的内容，认真阅读应老师的教案后，我首先明确了教学内容与要求。应老师把每个环节都写得很详细，我要做的就是把握每个环节的内容与目标的关系，在分析本班幼儿情况和试教的基础上进行修改，最终确定公开课的教案。公开活动结束，整个教研组进行讨论，老师们各抒己见，给了许多好的建议。我再次对教案进行修改，形成第二次修改教案。下面的表格呈现了两次教案修改的内容和原因。

最初教案	第一次修改教案	第二次修改教案
一、做游戏"木头人" 当幼儿坚持不住时，师总结：人不动是很难受的，因为人是有生命的。	第一环节增加眨眼睛的游戏。 修改原因：本班儿童经常玩此游戏，坚持的时间很长，为了表现自己本领很大，孩子都不愿意承认不动很难受。加入这个游戏，增加了游戏的难度。	把第一环节中眨眼睛的游戏改成站起来做难度大一些的游戏。 修改原因：幼儿无眨眼睛的概念，教师硬生生总结出"人不动是很难受的"，有点牵强。如果换成让幼

续表

最初教案	第一次修改教案	第二次修改教案
		儿站起来做难度大一点的动作，幼儿能真实体会不动有些困难，对教师的总结也比较能理解。
二、跟着音乐动一动 让灵动的身体和前面的"木头人"形成鲜明对比。	无修改	将音乐时间缩短。跳舞的时候，老师可以适当和幼儿进行语言交流，说说哪里在动。 修改原因：跳舞环节是为了引出身体哪些部位可以动，如果时间太长，会显得有些拖拉。老师与幼儿的交流能为后面作铺垫。
三、说说：人有哪些活动？ 了解人有许多活动，感受生命的丰富。	无修改	无修改

续表

最初教案	第一次修改教案	第二次修改教案
四、说一说：身体的哪些部位会动？ 1. 边动边记录：你的身体哪些地方会动？ 2. 讲讲哪些地方会动，讨论： ● 这个地方动能让我们做什么样的事情？ ● 如果不动了会怎么样？ ● 这里会生什么病？通过"能动"和"不能动"的比较，感受活动的部位为我们的生活带来了方便。 3. 介绍骨折、脱臼方面的知识，如果能与本班孩子的健康情况相结合更好。	将第四环节的第一部分"边动边记录"改成幼儿讨论，教师帮助记录。 修改原因：在试教的过程中，普遍出现了幼儿能说出哪里会动，但是无法在记录纸上找到相应位置的问题。幼儿未达到自己记录的水平，所以改成提供一个大娃娃，幼儿讨论，教师记录。 第四环节的第三部分删除了关于脱臼的内容，增加了户外活动中如何保护自己的讨论。 修改原因：班里的孩子对脱臼没有概念，于是删除该内容。最近常常讲安全问题，将目标转移到如何在户外活动中保护自己，可以培养幼儿的自我保护意识。	第四环节的第一部分增加教师经验总结。如教师可以帮助幼儿总结：骨块与骨块连接的地方叫做关节，我们身上有许多关节，并改用可动的教具。同时，教师引导幼儿用语言表达身体各个部分怎么动，如脖子扭一扭、眼珠转一转等。 修改原因：身体哪些地方会动是孩子已有的经验，教师要想提升幼儿的经验，就要做一些总结。关节使得身体大部分部位能动，这是幼儿在日常生活中已了解的知识，所以选择在此处加以总结。在语言上，也可以用扭一扭、转一转等词语来帮助幼儿总结，增强幼儿兴趣的同时提升其语言表达能力。

最初教案	第一次修改教案	第二次修改教案
五、我们身体会动的地方还有很多，可以在教室里放置本子，供孩子专题记录。	放入区域活动中继续进行记录。	无修改

一轮下来，作为新教师，我在教学设计、课堂教学等方面都有了进步，也思考了许多。

1. 了解本班孩子情况是教学设计的根基

应老师的教案固然好，却是基于她班级的孩子设计的。如果沿用，就一定要考虑自己班级儿童的发展水平。这次活动中，正是因为我班儿童还未达到自己记录的水平，所以第四环节有所修改，孩子们没有了记录的约束，讨论得更激烈了。可见，基于本班儿童的情况对教案进行适当的修改，有助于活动开展，特别是新老师，对本班孩子的情况一定要清楚。

2. 把握课堂中幼儿的亮点，使教学活动充满活力

应老师在教案中经常强调，一个好老师，一定要把握每一个孩子，尊重每一个孩子的想法，并将他们的想法引入自己的教学目标。这是非常正确的教育理念，我们应该牢记在心。这次活动中孩子有一些亮点，如有孩子说肚子会动，老师把握住了这点后，激发幼儿进一步的讨论。有的孩子说心脏会动，老师给予肯定后，引发幼儿关注身体看不见但会动的地方。把握住孩子们的亮点，还有助于接下来延伸活动的开展。

3. 激发孩子的经验，使孩子在活动中有话可说

新教师很容易说得多，而与孩子的互动较少。应老师在教案中强调幼儿的直观体验。我在尝试的过程中采用互动的方式，通过班级中一个

幼儿的脖子扭了的事件引发幼儿的自我体验，孩子有了自主权，老师与孩子的互动频率也高了。让孩子获得直接经验，教师在此基础上加以总结，这样教学效果会比较好。

4. 教具设计要把握幼儿的年龄特点，对活动起到推动作用

第一次试教过程中，我们在大娃娃上标注关节，娃娃不能和孩子产生互动，不能活动的娃娃显得比较呆板。于是，我们将其设计成了会活动的娃娃。当孩子讲到某个关节时，可以自己上来试试，然后做标示，这个教具的改进增强了教学活动的趣味性，同时更好地帮助幼儿把握关节这个概念。观看娃娃动的部位后，孩子获得的知识就不只是概念性的，而是真正理解了，课堂的气氛也明显活跃了。毕竟，中班的孩子处于具体形象思维阶段，还无法理解某些抽象概念。一个能给孩子带来直接体验的教具，不仅有助于孩子自我概念的建构，还有利于老师把握孩子的学习兴趣。

对于新教师而言，如何实施好一个活动是面临的首要问题。在研究现有的教案过程中，体会教案的活动目标，再结合本班孩子的发展水平、兴趣热点思考活动流程，并对孩子的反应做必要的预设，都是在实施一个活动之前要做的功课。正是在这样的模仿实践过程中，我逐渐了解了孩子，了解了自己的教学得失，对教学有了自己的思考。

（周瑾）

4. 在实践中提升

——"颜色变变变"的调整

"颜色变变变"是小班上学期的经典科学教学活动之一,教案也相对成熟。在观摩了杨丽娜老师的公开教学后,我们在班上也分组实施了该教案。经过实施与反思,我们主要对教案及其实施做出了以下三处调整:

调整一:对引发幼儿参与活动兴趣的手段的调整

在观摩活动中,我们感到幼儿对参与活动的兴趣似乎还没有达到最好的状态,分析原因,不排除新的活动环境、新的执教者以及众多观摩者对他们的影响,但执教者确实在调动幼儿的积极性方面稍有欠缺。于是,我们做出了以下两个调整。

1. 增加活动的趣味性

比如,在引出水宝宝时,虽然是用变魔术的方式把"瓶子宝宝"变出来,但没有让幼儿把眼睛遮住,语气也不够吸引人,所以把水宝宝变出来时,幼儿的反应并不大。而我们在试教时,尤其注意三个需要引起幼儿的足够兴趣的点:最开始把水宝宝请出来时,第一次给幼儿展示需要他们自己来摇的瓶子时,第二次展示瓶子和装有颜料的瓶盖时,强调教师的语气、表情。比如,教师会特别强调:"我们要变魔术了!你们快把小眼睛遮住,不能偷看啊!"等到教师数到三,揭开盖着的布,请幼儿睁开眼睛,幼儿觉得特别开心,纷纷发出了"哇——"的声音。这为幼儿之后的动手操作在情绪上作了铺垫。

2. 调动幼儿的积极性

在鼓励幼儿一边摇一边念儿歌时，教师就告诉幼儿："你们快来帮帮我呀，帮我一起念！""要让水宝宝变颜色，就要念这首有魔法的儿歌噢！"所以，幼儿在摇瓶子时，都能很带劲地念儿歌。

调整二：变无效探索为直接验证——对启发幼儿发现"瓶盖中的秘密"的调整

这一活动的难点在于让幼儿探索水宝宝变色的秘密。在观摩公开教学的过程中，我们就觉得在启发幼儿发现"瓶盖中的秘密"这一环节，显得特别费力。虽然教师用语言对幼儿进行了启发——"你们从瓶子的外面往里面看，从下面往上面看"，但这句指导语指向不明，难以真正起到作用（从外面往里面看，根本看不到瓶盖里的内容；从下面往上面看，幼儿会把瓶子倾斜，有颜色的水就会流到瓶盖内，看不到里面的颜料），因此也就无法引导幼儿观察瓶盖中的颜料。

在第一次试教时，我们仍沿用这一指导语，但在提供的材料上做出调整，将盛水量减少，以不遮住瓶盖为准。但实施后发现，引导幼儿自己发现变色的"秘密"还是比较困难，没有幼儿能说出是因为"瓶盖里有颜料"（这些幼儿属于班级中能力较强的），有的幼儿只能回答出"因为用力摇，所以变颜色"，大部分幼儿根本回答不出。最后，还是教师"主动"道出了其中的"秘密"。

第一次试教之后，我们再次反思，认为原因主要在于：第一，即使水量较少，但只要幼儿把瓶子倾斜得较厉害，水仍然会把瓶子遮住，幼儿难以观察到；第二，我们认为以小班幼儿的推理能力还无法自己发现其中的秘密，他们都认为水宝宝变色是魔术，是很神奇的，让他们探索其中的奥秘或许难度太大。

因此，我们对这一环节做出了调整：仍然给予幼儿自主探索的空间，如果幼儿无法发现和说出其中的奥秘，教师就主动打开瓶盖让幼儿观察，以发现瓶盖中的颜料，并且小结："原来水宝宝会变颜色，是因为有颜料藏在瓶盖里，摇一摇瓶子，里面的水宝宝就和颜料宝宝做朋友，所以就变颜色了。"接着，启发幼儿想想，如果瓶盖中没有颜料会怎么样，并拿出瓶盖中未装颜料的水宝宝试验，之后小结："如果瓶盖里没有颜料，水宝宝就不会变色。"然后，亲自示范在瓶盖中挤颜料、拧瓶盖、摇一摇、变颜色的过程，加深幼儿对水宝宝变色的真正原因的认识。

调整三：变繁为简——对活动结尾部分的调整

看过公开教学后，我们认为活动的过程稍显冗长，结尾部分让幼儿用自己变出的五颜六色的水宝宝随意作画，与活动目标关联不大。因此，我们将原有的结尾删除。对于如何结尾，我们认为，既然要让幼儿感受到颜色变化的趣味性，还是要把焦点放在颜色的变化上。活动中幼儿认识到，没有颜色的水宝宝遇到某种颜料会变出相应颜色，结尾部分不妨调整为教师通过示范，让幼儿初步感受两种不同颜色的水宝宝倒在一起，可以变出第三种颜色，从而为后续探索颜色的变化作铺垫。我们发现这样的调整的确更能引起小班幼儿的兴趣。

我们认为，调整后的教案和活动实施中的教师行为更符合小班幼儿的情绪特点和认知特点，活动显得更紧凑，与目标结合得更紧密。但我们仍然对活动有一些疑问，比如，上述启发幼儿发现瓶盖中的奥秘的调整，来源于我们的推测，到底能不能通过教师的指导语引导幼儿发现奥秘，仍然是我们困惑的，如果可以，到底应该用怎样的指导语，这也是我们希望和大家继续探讨的。

（王佳懿　骆效瑜）

沙龙式教研

小林校长对每个孩子说，"你真是一个好孩子"，于是每个孩子都从心里觉得自己是个好孩子，有了自信；他对那些不如别人的孩子从来不说大家去帮帮他吧，而总是说，"大家一起做吧"，于是那些孩子也跟上了其他的孩子。

—— [日] 黑柳彻子《窗边的小豆豆》

在日常生活中，你经常会和同事讨论教育问题吗？

在什么样的氛围中，你更愿意畅所欲言？

如果你是一个话题的发起者，你会如何组织大家开展讨论？

1. 走进沙龙式教研

沙龙源于中世纪的法国，文人学士聚集在家庭客厅中，三三两两，自由谈论，各抒己见，进行思想交流和争锋。宽松、自由的氛围使沙龙成为孕育法国思想和文学的摇篮。

教师从事的工作关乎人文和思想，他们在自由、宽松的时空里，更愿意交流分享。在办公室、走廊、餐厅甚至学校的班车上，几位教师碰到一起，免不了以下内容的谈话：围绕教学工作的即兴交谈，针对个别学生的诊断交谈，与专业人员的对话，等等。这些随性、生成性的非正式教研也是教研活动的一部分。

沙龙式教研作为非正式教研活动的一种，是教师自发参与，自我管理，自主展开教育教学研究，汇聚各种教学思想和实践智慧，具有学术开放性和组织松散性的教研模式。一般以一个话题为载体，参与沙龙的成员自由发言，展开充分的讨论，开阔思路，引发思考，加深对问题的认识。这种形式能够营造出教师学习、钻研的良好氛围，让思考和探索成为他们的生活常态。

（1）沙龙式教研的价值

● 激发教师自主成长

教师群体具有强烈的实现自我价值的需要。沙龙式教研轻松、民主的氛围，让教师畅所欲言，展示才智，相互启发，彼此欣赏，从而焕发专业自信。

● 形成分享创新氛围

沙龙倡导"独乐乐不如众乐乐"的分享理念。教师们读了好的文章互相推荐，教学中有了新招互相交流，这样既可以给予同伴启发和帮助，又可以在同伴的认可中提高认识、深化思想。

● 营造研究型校园文化

沙龙式教研作为非正式教研活动，贯穿并浸润在教师的教学生涯中。既可以是预设性的正式专题研究活动的自然延续，也可能是新的正式教研活动的孕育和萌发，这样的特点使沙龙式教研成为研究型校园文化的温床。

（2）沙龙式教研的原则

来去自愿，自主参与。

（3）沙龙式教研的类型

● 专题研讨类

围绕一个专题，通过头脑风暴，开展学习和研讨，从而对问题取得深入理解和认识。

● 文献分享类

研读教育文章、影音资料等，潜心读书，经过反复思考和交流，形成知识分享。

（4）沙龙式教研的参与人员

所有对沙龙话题感兴趣的教师。

（5）沙龙式教研的关键

● 场所提供

提供教师餐厅或教师工作室，为教师的人际接触提供条件。

开辟专门的教师沙龙教室，可以是会议室或者教师活动室，供教师预约使用。

场所环境由教师参与布置，力求温馨、宽松、舒适，可提供一些茶点、零食，播放轻柔舒缓的音乐。

● 主题发起

组织发起：管理者在日常工作中，注意帮助有相关研究兴趣或者能形成研究互补的教师建立联系，为教师参与非正式教研创造条件。

教师自主发起：管理者注重班级、年级之间的教研互动，提供大量的校内班级间公开观摩的机会，为教师自发形成研究团队创设机会。

教师任务式发起：由教师自主决定沙龙主题，轮流承担沙龙发起的任务。如新教师沙龙中，要求每个新教师都要承担沙龙主题的任务。

- 问题引领

沙龙具有开放性的特点，教师谈论当前教学中的各种问题时，组织者应该对教师提出的问题进行比较分析，发现其中共性、有价值的内容并引申放大，形成有价值的话题，引导教师深入思考，开展经验分享和思想交锋。

- 平等对话

民主、自主是沙龙式教研的灵魂。在教研活动中，要给予每个参与者充分的发言机会和权利。

- 资源引进

关切沙龙式教研中教师遇到的难题和瓶颈，提供信息、专家资源的协助和支持。

（吴玲玲）

2. 沙龙式教研：倾诉班级工作的酸甜苦辣

沙龙缘起

新学期，新组建的班级团队开始运转。在班级巡视中，我们发现新班组的磨合是大家面临的共同问题。

"真是累死了，班级的事情好像是我一个人的事情，忙前忙后，还不能被搭班老师理解。"

"隔壁班的区角活动已经开展得有声有色了，我们班级可以怎么做呢？"

"家长又到办公室去打小报告了，为什么家长工作这么难做？"

……

幼儿园教师肩负着教育教学、班级管理、家园联系等重要责任，班组是学校方方面面的连接中枢，也是学校方方面面的矛盾的聚集点。

业务精，搭班老师才能佩服你，家长才能赏识你；会沟通，班级成员才能团结一致，家园合作才能畅通无阻。一件小事不注意，班组教师的关系可能就会搞僵，家长轻则向园部告状，重则要求换班甚至转学。教师的工作真是牵一发而动全身。

班级工作的酸甜苦辣的确一言难尽，何不让教师坐到一起？一方面可以宣泄情感，另一方面园部也得以了解班级工作的难处，再者可以让大家分享经验。

你说我说

我们拟定了一份沙龙邀请函，邀请有兴趣的教师参加。这天，有共同困惑的教师聚集在一起，大家喝着清茶或咖啡，品着园部精心准备的点心，开始了话题。

周珏老师敞开心扉打了头炮——

我是班级里的班长。班长班长，一班之长。虽说班里包括我只有三个老师，可这个班长着实不好当。大大小小、零零碎碎的事情，班长一概要操心，打个比方，班长就像当家人，怎么当好这个家，让它变得温馨和睦，让家里的每个人都能各展所长、各尽其用，也真是一门学问呢！

进入中福会托儿所至今，我做班长已经有四年了，四年中有过逆境与挫折，但更多的是欣喜。这四年中我得到了锻炼，学会与各种个性的人相处，学习每个人的长处，学着协调各种关系。细细想来，很多事情历历在目，不妨与大家分享：

第一，尊重是打开心扉的钥匙。记得我第二年做班长的时候，8月还没开学，园长就找我谈话，说即将和我搭班的保育老师明确要求不和我搭班，还说了一堆理由。听到这个消息，我顿时懵了，要知道，这可是我在托儿所的第二年，遇到这样的情况，领导会怎么想？同事们会怎么看我？出乎意料的是，园长并没有责备我，而是给了我一句话："有则改之，无则加勉。"一方面，她告诉保育老师，在没有真正接触的情况下就给一位老师扣帽子，是非常不明智的；另一方面，她也告诫我，一定要注意自己的工作方法，尽快树立良好形象。当时，听到这席话，我感动得不得了。领导的信任让我有了信心。开学了，任何时候任何地方，我都会让保育老师感受到我对她的尊重。这位保育老师四十多岁了，在护理儿童方面很有经验，每次遇到儿童护理的问题，我都争取她的协助，征询她的意见；她已经在所二十多年，园里的各项事务，我只要有疑问，一定会向她请教；班里要进行哪些调整、做什么决策，我也一定会事先得到她的支持。

有一天，上课时，看见保育老师正在拖盥洗室的地板，我随口说了一句："你们看，张老师多辛苦呀！以后我们洗手的时候，注意别把水洒在地板上，让张老师不那么辛苦，好吗？"

孩子们很懂事地答应了我，我也没当一回事，继续上课。没想到，中午吃饭的时候，张老师特意找到我，很诚恳地告诉我："周老师，开学前我对你还有点意见，可是接触了几天，我完全改变了以前的看法，你那么尊重我，没有因为我是保育员而忽略我，我真的很感动，以后，一切工作我都支持你！"

真是"无心插柳柳成荫"，没想到很自然的一句话让我多了一个朋友，欣喜之余我体会到了尊重他人的重要性。

第二，团结是做好工作的基础。班组是一个家，家里的每个人都是缺一不可的。我们每天要共处八个多小时，团结和睦，大家心情好，工作效率也就高了，埋怨也就少了。

平时在班里，不是我分内的事，我也会主动去做。我常常想，作为班长，应该多做一点，多承担一点。

班里哪位老师家里有困难，我都会尽自己的最大努力给予帮助，班里的任何事都是大家一起拿主意、想办法。团结协作最大的好处，就是大大提高了我们的工作效率。

此外，内部团结可以避免矛盾。有一次，一位外婆在接孩子的时候与我聊孩子的情况，突然她抓着我的手，激动地说："周老师，你对我的孩子太了解了，真让我放心。×老师可没那么仔细，她……"

我一边听她说，一边琢磨怎么回应她，我非常了解我的配班老师，她敬业认真，应该是有误会。另外，凭我对这位外婆的了解，她极有可能在探我的口风，看看我们老师内部是否团结。

听她说完后，我微笑着回答："外婆，您肯定是误会了，我们×老师可好了，她对您孩子的了解一定比我还透彻，对孩子们的照顾也是我应该学习的，要不，我现在找她来聊聊？"

听了我的话，老人愣了好一会儿，马上又说："不用不用，那肯定是误会了，其实我也觉得×老师挺好的。"

送走了老人，我找了个妥当的时机和×老师聊了这件事，并且告诉了她我的立场。她是个很大度的老师，没有因为这件事冷落孩子，而是更加细心地照顾这个孩子。

在幼儿园里，这是件很小的事，但是蕴涵着一个很大的道理：

在家长面前，我们是一个团体，必须牢牢地牵在一起，绝对不能让她们觉得我们不团结。只要我们的团队没有空隙可以钻，家长就会被我们的合作氛围感染，放心地把孩子交到我们手里。

第三，后退是一门艺术。记得我们的园长说过一句话："我往后退一点点，老师们就能向前进一点点。"在班级中，学着往后退一点点，是一门艺术，也是一分大度。

在一个班级里，家长们最信任的就是班长，甚至有些家长根本不把配班老师和保育员放在眼里。这样，在开展工作的时候会遇到很多困难，因为家长除了班长，不买任何人的账。这个时候，班长后退一点点，把更多的机会让给班里的老师，帮助她们建立威信和自信，对推动班级工作是很有益处的。

有一次，我把一个小班带到中班，家长们对我很熟悉也很满意，但是对我的新配班老师却一肚子怨气。甚至有一位家长放出话来："我给×老师一个月的时间，如果她不行，我一定到办公室要求换人。"

这位老师是新进园的年轻人，看到这个局面吓坏了，对自己完全失去了信心，工作也不敢开展，生怕做不好。其实，这是一位非常优秀的青年教师，是我们园部从外单位引进的生力军，各方面素质都不错。

我马上鼓励她，让她安心工作，并从各个方面帮她树立威信。家长会上，我将×老师隆重推出，大大夸赞一番；平时家长来接孩子，我会把×老师为孩子做的所有事一一道来；在工作中，我也会尽量肯定她的做法，增强她的信心……

我非常清楚，一位刚入园就遭到家长反对的新教师压力有多大，这个时候，减轻她的心理负担，把她的优秀之处向大家展示出来，让她能够在我们这个温暖的团队中工作，是对新教师的呵护与促进。

周老师的发言立刻得到了大家的呼应，大家就自己工作中遇到的情况纷纷发言，有的讲自己在工作中遇到的头痛的事情，有的讲自己处理某些棘手问题的得意之举，一时意犹未尽。

有着近三十年教龄的姚老师听到年轻教师倾诉家长工作的烦恼，也分享了自己的心得。"很多家长很忙，由老人或保姆接送孩子。教师在晨间接待家长的时候，往往和父母交谈比较多，觉得老人特别是保姆不承担育儿的责任，只管接送，因此，不会有意和他们交谈。其实老人和保姆对教师的态度特别敏感，如果他们觉得教师尊重他们，就会十分配合。如果教师的态度让他们觉得不舒服，那么他们就会不配合。因此，要做好家长工作，不能眼里只有家长，还要关注老人和保姆，要和他们做好交流和沟通。"

也有老师说："沙龙给了我们这些普通老师一个在同伴面前展示自己，同时也可以了解别的老师的机会。在这里我发现，自己平时遇到的问题，别的老师也有，焦虑感就减轻了，而且她们的思考和解决方式给了我全新的视角。参加沙龙就像泡温泉，疲乏的感觉烟消云散。同时它还是一个信息交流的窗口，我们可以学到很多东西。"

……

在沙龙中，教师们消除疲劳、调整思路，有效沟通、扬长补短，支持创新、情感共振，淡化评价、强化诊断，崭露头角、施展才华，得以排解困惑、汲取动力、轻装上阵。

沙龙式教研随性、自主的特性赋予了教师开放的、相互信任的氛围，教师们可以毫无顾忌地分享教学过程中的困惑和思索、教育实践中的创新和火花、生活中的愉悦和感悟、对事业的热爱和执著。这种描述性的、问题解决式的、即兴的分享平台，鼓励教师坦白、公开表达自己的观点，舒缓压力，相互了解，相互学习，为民间教研和酝酿研究型校园文化提供情感纽带和行动视标。

教师沙龙改变了管理者固有的思维定式：管理者不应该总是"诲人不倦"，将自己的意图以行政命令的方式简单地强加给教师。他的主要影响力在于向教师提供导向性服务，并创造学习的环境——一个鼓励自觉与反思的环境，启发并提供示范的模型，让大家沉浸在会改变他们现有规范和行为的小组或文化中，而不是靠约束性的规章制度来改变教师行为。在沙龙式教研中，教师成为叙事的主角，园部则成为话题信息的收集者、资源的提供者以及现场的倾听者与问题解决者。

（陈磊　吴玲玲）

3. 让书点亮教育的智慧
——新教师读书沙龙

每位教师都应该是爱书之人！

谁没有过因书上一段话茅塞顿开的欣喜？

谁没有过读完一本书之后酣畅淋漓的兴奋？

无论是何种内容的书，对我们的职业都有所启示。

开卷有益，书能够帮助我们成为更好的教育者，成为更好的自己！

读书沙龙是一种常见的沙龙式教研活动。教师们相互推荐、精心挑选书籍，本着精读、对照、内化、运用和创新的读书原则，在读书中反思，促进教师专业化成长。

这学期，新教师沙龙就与读书有关。老师们选择给他们带来感动、感悟的书籍与大家分享，让书本点亮我们的教育智慧！

我们利用局域网的教师分享平台，开设了"好书大家读"专栏。老师们纷纷将自己读过的好书推荐给大家。

来自徐简的分享

孩子们不可能永远依靠我们，我们也不能永远依靠他们。在他们彻底失去我们之前，我们就通过一系列的放手让他们独立了。最初的方式就是让他们脱离子宫，降临人世。在他们成长的过程中，我们放手让他们面对护理员、老师、雇主、配偶，面对整个村庄，面对一切好与坏。他们每踏入世界一步，就远离我们一点，当儿童发育时，他们的自我意识也展现出来，他们学会对他们的名字有反应，认出镜子里的自己，学走路，学踢球或挥手说再见，等等。这些让他们发现自我的世界，发现他们在哪里止步，其余的世界从哪里开始。

（摘自《举全村之力》）

好书推荐：

- 《成长不设防》、《母亲的伤痕》

我们听惯了太多的大道理，喊惯了太多的口号，见惯了太多的道貌岸然，我们真正需要的是从日常生活中采撷的小故事，以及从中透射出的经验和感触。如刘墉自己所言，他不喜欢轻易地得出硬性结论，他所作的只是导入。他的作品是一扇门，向每个读者敞开，进门之后的无限风光、盎然趣味、个中真意则需要读者自己领略。

- 《举全村之力》

非洲有句谚语：养育一个孩子需举全村之力。本书书名即来源于此。作者希拉里长期以来的经验——不仅仅是母亲、女儿、姐妹和妻子，而且是律师、法律专家和政治家——巩固了她内心的信念：孩子们如何发展，需要什么才能取得成功，这一切与他们所生活的社会，以及社会如何支持、帮助家庭和个人密不可分。换言之，养育一个孩子需举全村之力。

来自蔡龙妹的分享

好啦！好啦！

我又没说我不爱这个家！我也没有说我讨厌你们！

只是有时候，我也想要一个人静一静嘛。

这里全都很好啦！

只有我不好，可以了吧！

对啦，全都是我自己的问题。

对啦，反正大人永远都不会错，全都是我们小孩不乖啦。

又不是只有你们有烦恼，其实我也有很多烦恼啊！

我只是没告诉你们而已。

拜托喔，你们不要那么爱担心好不好！

我已经长大了，会自己照顾自己。

我也不是真的要离开你们，可是我也有我要做的事情啊！

我真的不是怪咖，很多人都是这样的啦。

对，我们都喜欢躲进世界的角落里！

这是几米《躲进世界的角落》开头的一段文字，每次翻看这本书，看到这些文字时，我都会反思自己近来和孩子们的相处。孩子们有自己的想法和思维，我们常常站在自己的角度想问题，忘了弯弯腰、低低头，甚至爬进他们的世界里，看看他们的世界是怎样的。

好书推荐：

- 《微笑的鱼》

这是我一直收藏并且很喜爱的书。心情不舒畅的时候，翻翻这本书，看看里面蔚蓝色的海、俏皮的小鱼和有点呆呆的男主角，我就能从不快中解脱出来。它没有复杂的故事，道理对我来说很简单——紧紧握在手里的不一定就是你的，把手放开，世界更大。

- 《星空》

几米说这是一本献给"无法和世界沟通的孩子"的书。但我觉得，我们都是孩子，总有无法和别人沟通的时候，那么，请抬头望望星空，你会感觉世界变得好大好大。

- 《向左走向右走》

翻拍成电影后，这本书红了。但是相比电影，我更爱原著。"人生总有许多的巧合，两条平行线也可能会有交会的一天。""但是，人生总有许多的意外，握在手里的风筝也会突然断了线。"

来自张逾的分享

父母如何看待孩子，不仅影响孩子如何看待自己，也会影响他们的行为。

但是，如果一个孩子由于某些原因已经陷入一个角色中，是不是就意味着他一辈子都要饰演这个角色？他会被永远禁锢在角色当中，还是能够从角色中解脱出来？

（摘自《如何说孩子才会听　怎么听孩子才肯说》）

好书推荐：

● 《不一样的卡梅拉》

一只柔弱的小鸡，有着许多天马行空的想法和冒险经历，故事轻松有趣，是工作之余很好的放松。

● 《和父亲去旅行》

文字很优美，讲述三代人的父子情。生活中我们常常疏于和父亲的情感交流，虽然父爱如山，不溢于言表，但也需要我们的沟通和陪伴，闲暇时陪爸爸喝一杯茶，听听他喜欢的音乐，或者带他一起旅行，都是很不错的体验哦！

● 《七里香》

席慕蓉的诗曾经影响了一代人的成长，她的诗写得很美，饱含对生命的热爱和真情。

来自殷庆海的分享

他流连于无数个学校的校园，站在一个个教室前的窗口边，坐在一间间教室里，将一切收纳于胸，以他敏锐的目光，洞察着发生在教室中的静悄悄的革命，并精辟地论述："静悄悄的革命，即是通过和事物对话、和他人对话、和自身对话的活动过程，创造一种活动性的、合作性的、反思性的学习。这场革命要求根本性的结构性的变化。仅此而言，它就绝非一场一蹴而就的革命。因为教育实践是一种文化，而文化变革越是缓慢，才越能得到确实的效果。"

（摘自《静悄悄的革命》）

孩子是由一百组成的。孩子有一百种语言，一百只手，一百个念头，一百种思考方式、游戏方式及说话方式；还有一百种聆听的方式，惊讶和爱慕的方式；一百种欢乐，去歌唱去理解。一百个世界，去探索去发现。一百个世界，去发明。一百个世界，去梦想。

（摘自《儿童的一百种语言》）

好书推荐:

- 《静悄悄的革命》

这本书是大一时姜勇老师推荐给我们的，他还说会对大学学习以及未来从事幼教职业有启迪意义。现在来看，书中提到的日本的一些教育现象我们这里也会发生，有共鸣，可供一读。

- 《儿童的一百种语言》

实际工作中，教师尤其是青年教师往往存在这样的问题，对于聪明的孩子会偏爱，对于孩子超出预设的回答会选择敷衍。其实，童言无忌等都是孩子的本真表现，相信这本书能带给老师一些启迪。

来自骆效瑜的分享

学校很乏味

我不喜欢戏剧

我没有看到我上学的用处

不去上学，我将不会烦

我唯一想去上学的原因

就是因为有体育课

和去咨询学校顾问

我不愿意上学

我也会有很多麻烦，但是我从来不烦

我理想的学校就是不来学校

不学习

没有严厉的老师

没有作业

我的爸爸13岁就辍学了，这也是我想要的

但是我的爸爸妈妈要我待在学校

我不喜欢听老师讲课

在课堂上我想听伙伴们聊天

（摘自《我喜欢的学校》）

好书推荐：

● 《爸爸爱喜禾》

一位自闭症患儿的怪异行为在爸爸充满关爱的视角里被演绎成种种趣事，读者被其幽默的自嘲逗笑。当老天爷故意考验我们的时候，我们唯有用爱去化解一切艰难险阻！

● 《我喜欢的学校——通过孩子们的心声反思当今教育》

当我们在尽力为孩子创设最好的教育环境时，有没有考虑过孩子究竟喜欢怎样的学校、怎样的老师、怎样的教育？听一听孩子们的想法吧，他们对此更有发言权！因为"孩子是学校的第一体验者"！

来自睦薇的分享

在成长的过程中，特别是幼年及童年时代，如果缺乏成功的经验，人的信心就会相对薄弱，自卑心也随之增强，进而成为个人社会化的障碍。有些人的学业成绩虽好，但在处理日常事务上经常受到批评，情感上受到过多的压抑，渐渐就有了自卑感。自卑感过重的人，很害怕输给别人。他一睁开眼，一打开意识的帷幕，所看到的都是"不战而败"的预感。于是，他退却了，"不战而退"了。这就是自卑的悲剧。

（摘自《18岁以后要上的人生觉醒课》）

好书推荐：

● 《绝对小孩》

作者把书中孩子的性格设计得非常有趣，比如"披头"、"讨厌"、"贵族妞"、"比赛小子"。从这些孩子的角色设定中，我们能看到自己的幼儿园生活的一些影子。朱德庸把自己变为书中的孩子，不但和读者一起分享自己的童年，也让我们深刻地回忆了自己有趣的童年。

● 绘本《我妈妈》

和著名绘本《我爸爸》如出一辙，非常有趣且形象地描绘了孩子们眼中的妈妈。孩子们总是用夸张的语言描绘自己身边的事物，对自己的妈妈也是如此。从这些夸张的语言和表现手法中，我们可以体会到了书中表达的对妈妈的浓浓爱意。

●《18 岁以后要上的人生觉醒课》

18 岁以后的我们面临着人生的许多转折点，婚姻、事业、家庭、社会，等等。这本书为我们提供了许多当下生活的建议及意见，而且用一个个例子来说明这些问题。看完这本书，我们会有一种人生豁然开朗的感觉。

（骆效瑜整理）

成 长 篇

　　毛毛虫费了九牛二虎之力，才能挪动一点点。当笨拙地从一片叶子爬到另一片叶子上时，它觉得自己像周游了整个世界。

　　尽管如此，它并不悲观失望，也不羡慕任何人。它懂得：每个人都有该做的事情。它进食、吐丝，为自己编织一间牢固的茧房。

　　……

　　再次清醒时，它不再是以前那只笨手笨脚的小毛虫，它灵巧地从茧子里挣脱出来，惊奇地发现自己身上生出一对轻盈的翅膀，上面布满色彩斑斓的花纹。它高兴地舞动了一下双翅，竟像一团绒毛，从叶子上飘然而起，它飞啊飞，舞动在蓝色的雾霭之中。

启　程

 人物导读

　　"人生就像一盒巧克力，你永远也不知道你下一颗尝到的是什么滋味。"和孩子相处与此类似，你永远也不知道今天孩子会说些什么，干些什么。这么说不是因为我没有计划，而是孩子呈现出来的智慧总是超出我的想象。教育对象鲜活而独特的生命力正是教育的魅力所在。敬畏与分享孩子的智慧，我们才能真正走进孩子的内心，真正成为一名陪伴孩子成长的专业人员。

——骆效瑜

　　我喜欢与老师们一起教研，我发现每次都能汲取他人的精华，不断充实自己。我可以了解到其他老师解决问题的思路，也可以借鉴很多很好的点子，大家在一起讨论，会很快就得到最理想的结果。只有不断学习，不断吸收新知识，才会不断进步。我这只"井底之蛙"渐渐跟着教研队伍跳出井口，看到了更开阔的蓝天。

——戚竞元

　　有些老师会问：为什么要一直做科研，那么累，那么辛苦？但我觉得这种辛苦很值得，它增强了我的问题意识，让我养成勤思考的好习惯，更让我的工作充满源源不断的活力。

——蔡璟烨

　　帷幕拉开，青涩上场。风正好，帆正悬，满怀着憧憬和希望启程。虽然有些忐忑不安，偶遇些许挫折落寞。还好，这不是一个人的旅程。感谢孩子们，赋予我羽化的渴望；感谢同事们，指明我前行的方向。

1. 共同生活　彼此成长

1998 年，我进入上海幼儿师范学校，只知道毕业以后可以当幼儿园老师，但对于幼儿园老师，我一无所知。

2008 年，我从华东师范大学学前教育专业研究生毕业，进入宋庆龄幼儿园工作。虽然有着整整 10 年的专业学习背景，但对于幼儿园老师，我似懂非懂。

2012 年，我送走了职业生涯中的第一届大班毕业生。

对幼儿园老师这一职业，我开始若有所思⋯⋯

是教育者，更是陪伴者

曾经，在我的心目中，老师应该坐在孩子们面前，口若悬河，指导他们认识"1、2、3、4"，出示范例让他们模仿涂画。老师把课上好，才能教给孩子更多的东西，才是合格的。

可是，一次看日出的经历改变了我的这种想法。

那天清晨，我和孩子们在阳台上看太阳，耀眼的光芒把整片大地全都照亮。我和孩子们一起看光芒照耀下的教学楼、大草坪、玩具，然后观看被太阳照耀的每一张脸。脸上发光了，眼睛也更亮了，头发也变黄了，孩子们觉得非常有趣，你看看我，我看看你，然后哈哈大笑。只有四五分钟的时间，但从阳台上回来后孩子们却非常欣喜，我也不自觉地洋溢着一种莫名的满足感。

这种满足感从来没有在我坐在孩子们面前侃侃而谈时产生过。它让我开始思索：老师是教育者，更是陪伴者。

于是，我喜欢上了陪伴孩子们在幼儿园里散步。感谢幼儿园的美丽，让孩子们可以在青青草坪上，和朋友手牵手、说说话；可以拾级而上，在凉亭里歇歇脚、唱唱歌；还可以漫步河边，看河上船来船往，和船工打招呼；数天上的飞机，和飞机说再见。我们为终于在夜空中找到一颗星星惊喜不已，因远处的灯光点点产生遐想。那份心情悠闲而自在。

和孩子们一道开心、兴奋、叫喊时，我体会到：自己是在真正地陪伴他们！虽然仍然同意老师要把课上好，但我认为在这个过程中孩子学到的一点儿也不比课堂上少。

那么，如何才能真正陪伴孩子成长呢？

看与听，才能走进孩子的内心

人们往往认为教师是吃"开口饭"的职业，其实这只说对了很小的一部分。事实上，当我更多地去陪伴孩子时，我发现，我的嘴巴说得少了，但我的其他感官用得多了。我看到了、听到了、感受到了更多来自孩子的信息。

墨墨是我们班最默默无闻的孩子，老师们开玩笑说"他是墨墨无闻"，默默地做事、默默地游戏，总是一个人。任凭老师如何热情地"敲门"，总是得到冰冷的回应。越鼓励他，他反而越紧张。于是，我不再特意要他多说话，也不再跟他讲"你长大了"的道理。我就把他当作最平常的一员，但视线一直跟随着他。

有一天，从我眼前走过的墨墨让我大吃一惊：他不再像之前那样稳稳地行走，而是跳跃着，神情兴奋！如果换成其他孩子，我肯定会要求他注意走路姿势，但对于墨墨，我采取了默许的态度，甚至心中希望他这么做。因为我知道，说了他反而会紧张，这样无意识的表现才是最自然的流露！

我继续观察他。墨墨在教室里似乎轻松些了。笑容开始出现在墨墨脸上，并且随着时间的推移越来越多地浮现。看到朋友做了一个滑稽的表情，听到朋友说了一句好笑的话，大家在一起做一个有趣的游戏，得到了老师的奖励，他都会笑。

除了视线跟随，我的耳朵也在一直捕捉他的声音。他会回应老师了：

大便后，会传来一句弱弱的"老师，我好了"，他说得很轻，但我听后马上就作出回应，让他产生"我一开口老师马上就帮助我"的信任感；他会主动交往了：拿着两支润唇膏让老师猜哪支是他的，我故意猜错——"是这支"，墨墨揭晓答案的语气中充满得意！他有展示自己的愿望了：几个孩子争先恐后要帮助老师洗碗，我听到墨墨悄悄地说了一句"我也会洗碗"，立刻对他说——"那下次我也请你来帮助我"，他面露满足之色。墨墨的声音轻若蚊蝇，我听在耳里，乐在心里。

观察孩子细微的表现，倾听孩子轻声的话语。就这样，我把墨墨点点滴滴的表现和话语记录下来了。翻阅时发现，孩子就在这实实在在的细节中成长着，虽不华丽，但却感人，我为孩子亦为自己感到骄傲。

期待未知，才是教育的魅力

谁不希望活动中孩子都照着老师定好的目标走，谁不希望孩子的每个回答都在预设中？当然，这是理想状态，孩子们"语出惊人"，很容易成为我的"噩梦源头"。

在一次开放活动的区域讲评中，我讲评的重点是用不同的材料制作拖鞋。晨晨将包苹果用的网格袋铺在拖鞋底上，这是其他孩子都没有用到的材料。我请他上来介绍，而且在心里为他预设了答案："铺上软软的东西，穿着更舒服。"我问："为什么你用这个来装饰拖鞋啊？"他想了一会儿，回答不上来。"是不是因为这样穿着更软更舒服啊？"他回答："不是。"我又问了一遍，他仍然回答"不是"。下面有那么多听课的老师，我只能继续问他原因。终于，等待了足足一分钟，他回答："这样可以防滑。"哦，我的孩子，你的回答太棒了！

从紧张到兴奋、从失望到惊喜，我不禁反思这一心理过程：是什么让我们有"过山车"的心情变化？答案就是教师对于自身表现的急功近利，希望别人认为自己是成功的，却没有意识到孩子成功地表现自己才是活动的关键。

为了捕捉孩子心灵的触动，我开始慢慢地放下这份急功近利，花更多的精力与孩子建立更亲近、融洽、轻松的关系，与他们一起玩，听听宝贝给我讲新故事，或看看宝贝今天又用积木搭了什么。我总是提醒自己，先等孩子说完，让孩子尽量多说。而对孩子的性格脾气、兴趣喜好、成长背景的了解，帮助我读懂孩子的语言。当然，还会有我无论如何也听不明白的话，那也没关系，不懂装懂："噢，原来是这样啊！"然后给孩子一个微笑、一声鼓励。说不定下一次我就懂了。

就这样，我发现自己的心态逐渐变得轻松与从容，开始享受和孩子们一起活动，从中体验到更多的快乐与满足，孩子们也带给了我越来越多的惊喜！孩子讲的故事里，灰太狼并不总是铩羽而归，有时他也能成功地抓获小羊，美餐一顿；一个孩子在搭摩天轮的时候竟然会想到架一个保护网；孩子们戴上自己制作的项链，举行一场"盛装游行"。这些每每让我和孩子一起沉醉其中。

《阿甘正传》里有一句话："人生就像一盒巧克力，你永远也不知道你下一颗尝到的是什么滋味。"我想说："和孩子的相处与此类似，你永远也不知道今天孩子会说些什么，干些什么。"这么说不是因为我没有计划，而是孩子呈现出来的智慧总是超出我的想象。教育对象鲜活而独特的生命力正是教育的魅力所在。敬畏并分享孩子的智慧，我们才能真正走进孩子的内心，真正成为一名陪伴孩子成长的专业者。

孩子，让我看到更美的风景

人们往往认为老师很有学问，但要问我和孩子在一起最大的感受是什么，我会告诉你，我时常会感觉到自己的"无知"。是孩子，带着我一起去认识这个美好的世界。

我不喜欢看《十万个为什么》之类的书，对需要理性思考的问题并不感兴趣。可每到阅读时间，班级里的几个男孩子特别喜欢拿着这样的书来问我："为什么消防车是红色的？""磁悬浮是怎么运行的？""狮子为什么要打架？""蚊子为什么要吸血呢？"这逼得我必须阅读，可能是由于面向孩子的科普读物浅显易懂，我渐渐地发现原来生活中的现象如此有趣，而且了解了其中的奥秘。于是，我越来越喜欢这类书籍，喜欢和孩子一起解开疑问。同时，这也让我能理解孩子为什么对每件事物都那么好奇，不时冒出稀奇古怪的想法。

我对自然界毫无好奇之心，只能区分花草和树木这两大类，而且只会描述"好看"或"不好看"。因为要带着孩子们去观察春天，我必须做好功课，于是一个又一个惊喜呈现在我眼前。

我第一次知道白玉兰花瓣有着美丽的曲线，花瓣向上包裹着花心，开得大气而端庄。我第一次知道桃树的花苞那么可爱，梨树的花苞像松果……我变得和孩子们一样，对春天的这些变化充满了好奇。时隔几日，"故地重游"，仍然惊喜不断：我第一次知道白玉兰是早春开花。两周不见，花瓣早已纷纷落下。我第一次看到满树开得分外妖娆的桃花。梨树也开花了，却是另一种清新脱俗的美。春天第一次活生生地展现在我的眼前，我第一次那么真切地感受到了青草的气息、花儿的芬芳。这让我欣喜，也让我羞愧。之前的我，很多次错过和春天的约会，从来没有读懂过她的美。幸好，与孩子在一起的生活给了我如此珍贵的补课机会！

三年的工作经历，我最感谢的是孩子们。与其说我教会了你们什么，不如说你们带给了我很多。感谢你们让我陪伴在身边，感谢你们与我分享心里话，感谢你们和我一起成长！你们，才是作为一名教师主动追求专业成长的最根本动力！

为了你们，我要做更好的自己！

（骆效瑜）

2. 在团队中收获成长

我从小就很喜欢舞蹈，是学生舞蹈团的骨干成员，曾多次代表学校到国外进行交流演出。亲戚朋友都说我能歌善舞，当幼儿园老师不在话下。到了幼儿园我却发现，不是这么回事。

艰难的起步

刚刚开始带班，每天紧锣密鼓的活动总让我透不过气来，一个活动才结束，下一个活动又要开始，我总是手忙脚乱地准备着，结果班级一片混乱，不得不由指导老师来帮我收场。

每次指导老师总能得心应手、有条不紊地进行带班活动，孩子们也很听她的话，可轮到自己，不是顾了这边忘了那头，便是顾了那头忘了这边。我越是手忙脚乱，孩子们越是兴奋不已。这让我十分困惑、十分着急，却又无从下手，渐渐地，焦虑、恐惧的情绪越来越重。我向指导老师诉说了这些情况，她告诉我：幼儿一日在园的活动不只是学习活动，还有户外活动、游戏活动，当然，生活活动也不可缺少；要很好地进行这些活动，不是每天写好教案就可以的，每个活动环节都需要老师用心去设计。指导老师建议我写详细的逐日计划，事先安排好第二天的工作。

于是，我开始着手写逐日计划，并从中认识到事先准备是有序开展一系列活动的必要条件。几次下来，手忙脚乱的情况稍稍减少了，但效果不是非常明显。为此，我又向指导老师请教。她说，制订计划是为了给自己吃一颗定心丸，关键在于计划的实施。我忽然领悟到，不能纸上谈兵，要切切实实地去落实计划，特别对于我们这些新教师，严格落实自己的计划是相当必要的。

我告诉自己，要从零开始，在做中学，在实践中逐步成为称职的幼儿园教师。

借力团队成长

新教师面临的最大问题就是理论与实践的脱节。很幸运，幼儿园有针对新教师的专项教研活动，副园长周老师亲自带队，个别指导，带领我们了解最基本的一日活动流程并实践。

每次实施计划，新教师总会出现各种各样的问题：受天气的影响，受孩子们突发状况的影响等，即使之前设计周全，在开展活动时，还是会出现让我们无法应对的场面。遇到问题如何应对？如何指导？如何变通？新教师教研组帮助大家在实践中积累经验。

还记得第一次制订户外活动计划，我认为小游戏才是户外活动的重中之重，于是花长篇幅写了小游戏"玩羊角球和企鹅圈"的每个步骤。

可是，活动当天恰恰碰到一个棘手的问题，由于天气的关系，原本计划好的游戏材料羊角球上都是水，孩子们没法玩了，该怎么办？当时我的心跳加速，手足无措。我绞尽脑汁，还是不知道该如何将活动继续下去。这时周老师在旁边提醒我："今天场地的材料还有绳子和软球，你可以选择进行新的游戏。"我随机应变，选择绳子进行游戏。开始我给孩子玩"过摇晃的桥"。玩了一会儿，发现活动量不够，又提出玩"抢尾巴"的游戏，孩子们都玩得很高兴，运动量也达到了，我心里也松了一口气。这次教研，让我深感变通的重要性，必须事先熟悉当天场地内提供的所有材料，并设想一下有哪些玩法，以备不时之需。

从这个教研团队中，我学会了反思，听取别人的意见和建议。我从自己的身上找问题，从别人身上找优点。周老师说，互相学习，才能共赢，我想这就是新教师教研组带给我的最大帮助。

让反思成为习惯

"小小的时钟，滴答响，长针走一圈过了多少分钟？长针走半圈过了多少分钟? ⋯⋯"课上,我准备了一个很大的自制手动钟,讲解时针、分针的运转规律,长针短针的指向问题,还准备了"老狼老狼几点钟"的游戏,以加深孩子对时钟的认识,考查他们的学习成果。他们的反应却让我有点哭笑不得,看样子,大多数孩子都被我的描述给搞糊涂了。

第一课《识钟》就失败了,我把简单的东西讲复杂了,把次要内容跟主要内容并列。

课后反思时,我研究了活动目标:(1)感受时钟在人们生活中的用途。(2)初步了解时针、分针的转动规律,学会看整点和半点。这两点目标我达到了吗?第一点,顺利完成。第二点,完成得不理想。如何才能描述得更简单易懂呢?我决定把第二课时的重点放在学会看整点和半点上,将语言精练:"分针(长针)指在 12,时针(短针)指到几就是几点。"于是我耐心尝试,让分针指在 12,然后转动时针的位置,从 1、2、3 有顺序地指到 12。孩子们听懂了,开始跟我互动。还有小朋友提出了一刻钟、三刻钟的概念等。这让我相当激动,课上得更带劲儿了。

这次活动让我体会到,要不断根据孩子的情况调整集体活动。除了制定目标、达成目标,还应根据孩子的反馈有针对性地调整和改进计划。可以将大目标拆分为几个小目标,逐一实施,一次不行上两次,两次不行上三次。在不断研究和尝试中,一定会摸索出一套简单易懂、能使更多孩子有所收获的方法。谢谢孩子们,是你们给了我尝试的机会和探索的方向。一次次反思让我逐渐找到了成长的途径。

班组教研的力量

送走了一届毕业生,心中油然而生不舍和感慨。与这些孩子们在一起相处了整整 2 年,有欢笑也有泪水。不过,付出再多我也觉得值,因为我的用心最终得到了孩子和家长的认可,这鼓励我继续努力,成为优秀教师。

但那天园领导告知我:"小戚,明年你带小小班哦。"当时我的心情既兴奋又复杂。带小小班对于我而言又是一个全新的挑战,还未当过母亲的我能否胜任?在假期里,我翻阅了几本关于低龄幼儿的书籍,以及前人总结的一些经验等。可到了开学第一天,我还是彻底"崩溃"了。

那天宝宝们陆陆续续来园，起初教室里静悄悄的，渐渐地哭声此起彼伏，最后我只觉得全身出汗，头昏脑涨，连安慰宝宝们的话都不知如何说起。幸好跟我搭班的老师带小小班很有经验，我哄不了的她们抱过去继续哄，渐渐地，教室里的哭声变弱了，宝宝们累了，我们也累了。搭班老师告诉我，宝宝第一次离开爸爸妈妈，分离焦虑，缺乏安全感，哭闹是非常正常的。我们要给予宝宝的就是亲人的爱，一个温暖的拥抱，也会让他们觉得很安心。

之后，每天中午，我们的三人班组便进行教研活动。我与搭班老师交流上午每个宝宝的情况，比如哪个宝宝大便了、哪个宝宝今天比昨天哭的时间短了、有个宝宝不爱吃蔬菜该怎么办……对一点小进步和小情况，我们三个人都争取了然于心。这让我体会到，带低年龄的宝宝更要细心，生活琐事中的学问更大。这样的活动我们坚持了一个学期，如果中午要参加学校组织的教研活动，我们就会在孩子都被接走后一起聊一聊。让人高兴的是，我们真的帮助爸爸妈妈们解决了不少他们一直头疼的问题。

比如，我们班的安宝宝不爱吃菜，在家怎么哄都不吃，就算喂进去了也会吐出来。我们尝试用各种办法引导她。最有经验的老师把菜偷偷地藏在米饭下面喂进安宝宝的嘴里，然后轻轻地告诉她：这里面没有菜。就这样，第一口菜下肚了……还有盈盈，一直带着依恋物"毛毛"——一块毛巾，若拿走"毛毛"盈盈就会哭。有一次盈盈感冒了，家人希望可以借这样一个机会，把盈盈与依恋物分开。他们告诉盈盈说："'毛毛'里面有很多细菌，不能带到学校里，会生病的。"与"毛毛"分开的第一天当然痛苦，我们想尽办法使盈盈忘记她心爱的"毛毛"。可没想到，第二天她的反抗情绪居然比第一天更强烈了。后来得知，盈盈在家吵闹得厉害，家人最后只好妥协，又把"毛毛"给了盈盈。我们针对这个问题进行了讨论，都觉得盈盈已经基本适应幼儿园生活了，戒掉依恋物，将有助于她更好地参与游戏活动。最后，我们选择与家长沟通，指出要想让孩子戒掉依恋物，家庭一定要和学校配合，否则盈盈的情绪很难平复。我们约定一周不给盈盈依恋物，看她能否接受。结果盈盈哭闹两天后就平复了，她在幼儿园活动中找到了新的兴趣点。从此，盈盈在幼儿园里再也没有提起过"毛毛"。

在小小班的班组教研中，我学会了更多地去观察孩子，分析问题，思考对策，在不断的尝试中走进孩子的心里。

和专家过招

马上要举行小小班宝宝的嘉年华运动会啦！每位老师都将负责一块区域，创设一个既安全又有趣的游戏场景。我制作了"动物门球"的游戏，即利用制作好的小棒，将小球或大球打入小动物门洞里。我心想：小小班宝宝都很喜欢小动物，这个游戏区一定会很热闹。

小小班宝宝的户外游戏如火如荼地进行着，我们班的孩子充满期待，特别是男孩子。我按性别进行了分组。第一组是男孩子们，他们飞快进入场地，取了球棒便开始将球打入门洞。老师的初衷是，主要锻炼幼儿的上肢力量。果然，男孩子们不负众望，玩得特别热闹，一个个球入了洞，他们高兴地跳起来："耶，进球啦！"有趣的是，有的孩子满足于进球这个过程，而有的孩子则满足于把球从门洞里拿出来。因此球筐里满满的，打来打去都是球场上的这几个球。

第二组是我们的女孩子们，她们慢悠悠地取出球棒开始打球，只有一两个性格活泼的女生玩得很开心，其他女生都没怎么动。我试图告知她们游戏的玩法，可似乎没什么效果。这可怎么办呢？

刚好这天有专家老师来园指导。她来到我负责的区域，蹲下身和一个女孩互相抛球！她与孩子们一起玩一起笑。我也想办法与孩子们一起游戏。听见一个女生说："嗯，小鳄鱼吃饱了！"女生们喜欢把户外游戏转换为情景游戏，于是我说："是呀，还有其他几个小动物都没吃饱呢！"听罢，几个女生急忙过来取球并一杆打进小动物门洞里。连一向不爱出声的羽羽也在卖力地来回跑，一边笑一边嘴里嘟囔着：小狮子还没吃饱呢。开学以来我还从未见到过她如此活泼，这让我很欣慰。很快，球筐里的球被她们拿光了。

中午，和专家老师一起研讨上午的游戏。她提到"动物门球"，肯定了我和孩子们以角色身份进行的互动。我也提到了在游戏中的发现和困惑：男生游戏时过于激动，女生游戏时过于安静。她说："是的，所以是不是可以将男女生混合进行游戏呢？这样，他们可以互相影响情绪，使游戏更平衡，体能得到更全面的发展。还有，最好减少游戏规则，目前的游戏规则是一定要用球棒把球打入洞中，但在游戏中我们发现，有的孩子用脚踢，用手扔。"通过讨论我们认为，无论他们用什么方法，都对幼儿身体的协调、四肢肌肉的锻炼有益。而且游戏规则少，幼儿可以玩得更尽兴、更愉快。

第二次户外游戏开始了。这次玩法相当自由：孩子们可以利用老师提供的小球棒将球打入球门，也可以用手运球、用脚踢球等，而且是随机分组。我默默地告诉自己，一定要与孩子们成为玩伴。我将小球一个个抛向空中："孩子们，快来接住我的球……"好几个男生冲过来抢球，我们把球传来传去，孩子们还会说："戚老师，接球。"不一会儿，就满地是球了。我们还尝试各种玩法：用脚踢球入洞，用手投掷入洞，没有过多规则限制的游戏玩起来更尽兴，那天，我与他们一样满头大汗……

回眸 3 年

我常常跟朋友聊我的孩子们，每次聊起宝宝们的趣事，激动的心情无法掩盖，所以，我的很多朋友都非常羡慕我的职业，觉得成为一名幼儿教师是一件很幸福的事情，每天都跟天真无邪的孩子们在一起，无忧无虑。是的，作为一名幼儿教师是快乐的。

我常常想：一位好教师应该具备哪些特质？细心、关心自不待言，但最重要的无疑是爱！这是一种大爱，不但爱每个孩子，还爱着身边的每一个人。记得刚入职时，我是个什么都不懂的小丫头，老师们称呼我为"小姑娘"："小姑娘，你不再是实习生了，也要开始独立带班了。""小姑娘，你这个区角太简单，大班孩子根本不玩！"于是，搭班老师不厌其烦地帮助我修改，一起设计教案，陪着我加班到很晚，这些让我无比感激。

我喜欢与老师们一起教研，我发现每次都能汲取他人的精华，不断充实自己。我可以了解到其他老师解决问题的思路，也可以借鉴很多很好的点子，大家在一起讨论，会很快就得到最理想的结果。只有不断学习，不断吸收新知识，才会不断进步。我这只"井底之蛙"渐渐跟着教研队伍跳出井口，看到了更开阔的蓝天。

曾在书中看到这样一句话："将来的你，一定会感谢现在拼命努力的你。"我非常喜欢这句话，常常用它来默默鼓励自己，成为一名优秀的幼儿教师是我一生的追求，我想我一定会做到！

（戚竞元）

3. 从科研中走来

科研是教师专业成长的重要基石，也是优化教育质量的有效途径。研究始于问题，问题出自实践。研究需要反思，它既是教师再学习的过程，也是教师不断更新知识结构、提高研究能力的专业成长过程。

我工作将近六年，这六年的时光正是一步步从科研中走来的，在科研中找到突破，收获喜悦。

在科研中找到自己

走上工作岗位的第一年，我不断调整自己，以最佳的状态投入工作，并不断向同事学习业务：如何应对常规工作，如何管理班级，如何开展教学活动等。我非常庆幸自己能来到一群可爱的孩子身边，每天与他们唱唱跳跳。对于一个刚大学毕业步入社会的新人来说，这个适应的过程痛并快乐着。

虽然是本科生，但我在专业技能上却感觉力不从心。在大学里我非常喜欢做研究，写毕业论文时跟着华爱华老师，花了整整一年的工夫。我暗下决心，要将自己的毕业研究《影响角色游戏"娃娃家"主题情节复杂性的因素研究》付诸实践。

当时即将召开 2008 年上海幼教年会，别的老师提交的论文是多年工作的经验总结，内容有声有色，而我的则是关于幼儿娃娃家游戏的观察分析。尽管心中不太有底，但我还是决定试一试，用自己不同的分析角度和前沿的理论优势去竞争。终于，我的文章被游戏名师徐则民选中了，她觉得这篇文章视角很独特，理论分析很到位，所以将我安排在"游戏之我见"的讨论专场。发言时，我有条不紊地将自己为何以娃娃家游戏作为研究点、如何进行观察分析、给教师的意见等娓娓道来，在幻灯片中插入工作中的娃娃家游戏事件、环境场景、尝试投放的材料的照片，使整个报告更有说服力。华爱华老师点评时，提到我作为一名刚参加工作的新老师，将大学中的研究运用到工作中，难能可贵。那次年会上的交流让我明白，自己在大学期间培养起来的科研能力还没有生疏，在感激众多老师的点拨和鼓励的同时，我又重新找到了自己，一个可以从科研道路上起步的自己。

在科研中加速成长

收获成功的喜悦之后，我又回到了忙碌的工作中。依托园部导师团、青年教师组的带教学习，我的业务水平逐渐提高，教学活动也渐入佳境。与此同时，我坚持在科研之路上努力钻研，而且将自己的研究点放在游戏上，经常关注每期幼教杂志上的游戏案例，查找关于游戏的最新话题和老师们交流。游戏的案例纷繁复杂，找到一个有价值的研究点并不容易。我的研究以往偏重理论性、知识性，如今应着眼于实践中的问题。那几年，全园投入大量精力开展角色游戏活动，请来了华爱华、徐则民等名师专家，一起探讨幼儿游戏中的行为。我跟着教研组长承担了多次游戏开放活动，虽然准备工作十分辛苦，但每次活动后这些名师专家一针见血的点评让我受益匪浅。

在一次游戏开放活动中，我向周老师提及一个孩子将发夹放到浴缸里洗澡的事情，她指出其实发夹是非常好的材料，属于低结构材料，玩法多样。事后，我又问她我们的百宝箱可以提供哪些品种的材料，她对中班幼儿的游戏材料做了一番梳理。在整理周老师的点评话语时，我对中班幼儿使用低结构材料有了一些想法。再次仔细阅读华爱华老师的《幼儿游戏理论》，发现班级中发生的几个案例正与华老师讲的幼儿不同水平的替代行为相契合，我顿时来了灵感：何不就替代行为大做文章呢？一来这个点很有价值，能体现不同幼儿的游戏水平，二来这也是个研究的新角度。

我选取了三个案例分别进行描述和分析，抱着试一试的想法，把文稿投给了徐则民老师。没想到她再次选中我参加2010年上海幼教年会的游戏专场交流，说我的三个案例选择恰当，对替代行为的分析也十分深刻，并指出我还需加上"作为老师的我们该如何面对幼儿的替代行为"。

这正是我没有想到的，我的研究除了分析，还应给教师一些更有指导意义的建议。于是，我在原先基础上加了三段内容：面对幼儿的替代行为，老师应该认同幼儿，珍惜幼儿每次的替代行为；引导幼儿，传递幼儿的替代经验；支持幼儿，投放适宜的替代材料。

功夫不负有心人，我在 2010 年上海幼教年会上和同行交流了自己关于幼儿替代行为的研究，这一研究还在《上海托幼》、《学前教育》杂志上发表；同时，我之前的科研结题报告《大班幼儿自制棋在入学准备中》也被收录到《中福会优秀论文集》中。这些成果不仅见证了我在专业上的成长，也证实了我这条科研之路走得很正确。

让科研成为工作常态

如今，我的教师生涯已步入第六个年头，送走了一届又一届的大班孩子，又迎来一张张崭新的娃娃脸。在带好这些孩子的同时，科研已成为我工作中必不可少的一部分。

现在，在替代行为的研究基础上，我将重点放在游戏中的百宝箱上。我发现幼儿在游戏中使用百宝箱的故事十分精彩，故将这一件件趣事用相机捕捉下来，回去后再查找资料进行分析。仔细研究后发现，原来百宝箱的作用非常大，可以帮助幼儿进行表征、替代、交往、装扮，还可以推进游戏情节，发展幼儿的想象力、创造力等。在分析思考的同时，我也尝试将百宝箱如何投放材料以及投放时机、投放要点等作为经验总结出来，以供其他老师借鉴。

如今，中福会还专门为青年教师开辟了一个青年专项课题，我借此契机申报了一个课题"幼儿自选的低结构材料对中班游戏行为支持作用的研究"，相信在不久的将来，它会在我的科研之路上留下印记，见证我再一次的蜕变成长。

有些老师会问：为什么要一直做科研，那么累，那么辛苦？但我觉得这种辛苦很值得，它增强了我的问题意识，让我养成了勤思考的好习惯，更让我的工作充满源源不断的活力。我就是这样从科研中走来的。

（蔡璟烨）

蜕 变

成长的道路永远不会一帆风顺，有时候虚华并不代表实力。挫折和迷失，让我回归到教育的本质中来，关注孩子，学会反思和团队合作。

——许敏霞

我越多观察孩子，越发现孩子们的天真和可爱。我毫无顾忌地与孩子们嬉戏，我每天从孩子们身上获取快乐，同时也有所思考：在孩子们天真烂漫的语言和行为背后，又隐藏着什么呢？我试图从中寻找答案，以便帮助他们和我自己走出困境。

——李霞

蓝色是宁静的色彩，自由挥洒于天空中、海面上。她虽无法在刹那间吸引你的目光，却能在静静相对后让你感受到那份放松与感动。真实的教育不是舞台的辉煌，而是在与孩子的共同生活中每个细节的润物无声。

——徐冰

当我们写下第一笔记录，产生第一个疑问，开始第一次创新尝试时，我们并没有意识到它们的价值。日复一日地沉淀，当我们开始对自己的教育教学侃侃而谈时，蓦然回首，不禁感恩自己曾经的所有努力。

1. 找寻自己

　　小时候父母工作忙，一位老师多次照顾我，因此，我对老师的印象特别好，对这份职业也一直很向往。结缘幼师则与一位同学有关。初中同学里有个很优秀的女孩，志在考取师范学校。回想自己幼时与老师的接触，我下定决心，也要考入师范学校。

模仿中起步

　　来到幼儿园，指导我的师傅是园里的业务主任。师傅手把手教我设计活动、组织教学，我在模仿中渐渐找到了门道，在幼儿园和区里也开放了多次活动。课例式教研让我快速成长，成为浦东新区的教学新秀。这一过程中，我的性格也有所变化，以前内向，不大讲话，慢慢变得胆大了。

迷失于琐事中

　　工作6年后，我调入了当时还是寄宿制的中国福利会托儿所。园部给我安排了一个全托的小班。这个班是从全托班升上来的，据班主任老师介绍，孩子的动手能力很强。我想：太棒了！小班我带过，最让人头痛的就是生活上的料理，既然这个班的孩子能干，那么一切就省心多了。

　　开学第一周我上晚班，上午班的班主任老师一直陪到孩子们吃完点心、我准备开始组织集体活动时才下班离开。生动有趣的音乐活动结束了，生活老师告诉我：该去洗澡了。于是，挑战开始了。第一次走进儿童浴室，一切如此陌生，生活老师指导我：你先帮孩子把衣服都脱了，送进里间，等孩子洗完再找出他们的干净衣服帮他穿上就行了。听着不算难，可做起来就不是那么回事了。脱衣服还简单，找衣服就不容易了，每个孩子的衣服上都绣有自己的学号，可是，有的绣在领口，有的在下摆，有的在袖口……等我找到衣服，孩子都已经等半天了。怕孩子着凉，生活老师帮忙找衣服，乱作一团。不想，这只是开始，麻烦还在后面呢！洗完澡回到教室，有孩子去厕所大便了。没多久就有孩子说："老师，我拉完了。"我随口回答了一句："拉完就起来啊。""老师，我还没擦屁股呢！"这下我傻眼了：该不会要我擦吧？生活老师还在浴室，教室里的孩子正在等我给他们讲故事，但已经容不得我再想什么了。我硬着头皮、屏住呼吸，拿手纸把那几个翘得高高的屁股胡乱一抹，然后一边往门外走一边说："赶快冲马桶！"生活老师回来后发现，那几个小屁股根本没擦干净，还弄脏了刚换上的干净内裤，只是没好意思说我，就动手在厕所的净身盆里给孩子们重新清洗小屁股，换上干净的内裤。我愣在一旁，脸涨得通红。到了晚饭时间孩子太多，生活老师一个人忙不过来，盛饭盛汤、擦桌扫地我都要管，孩子临睡了，还得帮孩子铺床。晚上回到家，妈妈问我工作怎样，我一句话也说不出，蒙头倒在床上只想睡觉。

之后的一段时间，我重复着这样的工作，每天给孩子盛饭盛菜、擦桌扫地、铺床叠被……我开始怀疑自己当初的决定，这到底算怎么回事啊？原先在浦东时，怎么说也是年龄最小的区级骨干教师，技能业务都得到一致认可，开放展示一个接一个，比赛评比更是从不失手。现在倒好，每天忙于这些琐事，在教学上没有任何进步。郁闷、迷茫笼罩着我。

走进孩子的心里

没有那一次，或许我至今仍郁郁寡欢。小班的孩子兴趣维持的时间很短，那次晚间看电视，没一会儿，孩子们一个个在地毯上活蹦乱跳。正在我费尽力气控制纪律时，席老师进来了，她一看情况，立刻坐下来抱起一个男孩子说："贝贝，你怎么今天那么喜欢电视啊？""因为在放小丸子的片子，我最喜欢小丸子了。""是吗？小丸子家有些什么人啊？"

"有爸爸!""有妈妈!""还有爷爷奶奶!""她还有姐姐呢!""你喜欢小丸子什么呀?"其他孩子被他们的对话吸引,一起加入了话题,很快,孩子们全都安静下来,围着席老师,有的拉着她的衣服,有的依偎在她身边,有的干脆坐在她的身上……一幅温馨和谐的画面出现在我的面前,我则像局外人一样呆站在一旁。

事后席老师对我说:"全托班的孩子确实比较难带。我已经带了二十年全托孩子了。这些孩子那么小就离开父母,缺少父母的关爱,他们的心其实都很脆弱,很孤独和压抑。试着和孩子的心走得近些,多和他们有亲密的接触,一个拥抱、一次抚摸,都会让孩子发自内心地喜欢你,愿意和你在一起。这样他们才会听你的。否则,由于他们24小时在幼儿园,没有撒娇、发泄的机会,会始终处于兴奋的状态。我们托儿所是五十年的老牌子了,现在正需要你们这些年轻人来接接力棒!从你第一次到我们这儿面试,我就一直很看好你,你一定能面对挑战的。"这番话让我心里波涛起伏,那晚躺在床上辗转难眠:是啊,优秀的我一定能再次面对挑战。可我面对的是怎样的挑战呢?我的难题在哪儿呢?或许,我应该重新审视工作。

接下来的一段时间里,我开始仔细观察另一位老教师和其他生活老师的工作细节,逐渐发现了很多惊喜。她们常常能立刻对孩子的某一行为作出反应,而且对孩子的下一步动作了如指掌。她们知道每个孩子的生活细节,例如进餐量、入睡快不快、喜欢什么玩具、拉了大便谁不会吭声、谁的脚常出汗等。我想,这应该正是孩子们喜欢她们、家长信任她们的原因。

集体教学是我的强项,个别化的区域活动、生活活动和家长工作,是我的薄弱环节!教育绝不仅仅是上好几节设计好的课,而是要在一日生活中和孩子们进行高质量的互动。因此,我要从关注教学转移到关注孩子们的一日生活,仔细观察,从而走入孩子们的心里。

在反思和实践中成长

于是,我又一次成为新教师,开始学做一个工作中的有心人。"好记性不如烂笔头"，孩子们的小事我记不住，就用笔记下来！园部的老师也隔三差五来巡视，记录我的每个工作细节，并和我一同分析讨论。常常是点出我的优势和进步后，再指出我的某些问题。慢慢地，情况有了转变，孩子们好像不再那么调皮了，也会像围着席老师那样围着我。每逢此时，我总有种满足感和自豪感。以往的评优因为要比技能，我会准备弹琴、绘画，没有时间思考和孩子的互动，而且觉得自己和孩子的互动没有什么大的进步，无非是这节课的设计和上节课不一样。现在，在观察反思中，我体会到了自己的成长，观察孩子的能力、与家长沟通的能力也在一天天提高。

我慢慢适应了全托工作，有一次园长对我说："小许，数学教学是你的专长，要把你的个人特长再发挥出来。"是啊，我已经把个人特长忘得干干净净了，可怎么发挥特长呢？这时，又一个契机让我看见了希望。

中福会开展课题研究活动，园部事先做了动员。我想：这可是自己的薄弱环节。做科研写论文以前总是由专家起头，我们负责实践操作，写写总结反思。没想到领导为我们请来了专家，从选题到研究方法、提纲拟写都给予指导，一步步搀扶着我这种从未独立开展过科研的"骨干"。又是园长对我说："科研应该研究工作中遇到的实际问题，多查资料，看别人的研究成果，然后根据你的真实问题和感兴趣的内容展开研究。你是不是觉得在托儿所没有展示数学特长的机会？你可以研究一些低年龄孩子的数学教学嘛！"真是一语点醒梦中人，以前我想过研究孩子的数概念建构的特点，苦于缺少低年龄的研究对象，现在不正是机会吗？于是，在专家的指导和园部的支持下，我的课题开展了，后来我的课题论文还荣获了中福会系统年度论文的三等奖。这让我又一次体会到成功的喜悦。

做自己的伴侣

老师由于每天总是很忙，容易缺乏反思的时间和意识。一次，我作为被诊断者参加了园部的"区域活动诊断"活动，每次都要写计划、反思和调整。计划、调整，我都能写，因为很有感触。可是反思就不知道该写什么。为了改进这一不足，我订了《学前教育研究》，每期必读，学习借鉴他人的经验。

慢慢地，我学会了反思，总结经验和不足，为了更好地提升自我，我时常请教搭班的老教师，因为她们经验丰富，考虑问题比较周到。

印第安人有句格言："走得太忙，等等你的灵魂。"幼儿园老师常常忙于事务性工作，却不知道自己到底在忙什么。等等自己的灵魂，每天问问自己为什么这么做，无形中也就找到了自己成长中的伴侣。

和大家一起成长

根据园部的安排，我第一次担任了班长的职务，和其他五位老师全新组合接了一个马上面临入学的大班。面对孩子的陌生感、家长的质疑以及即将入学的压力，我们必须在最短的时间内，与家长建立合作关系，与孩子建立相互信任的关系。

鉴于所处的情况以及全托的特殊性，我将工作重点放在了家园沟通上。为了进一步加强家园联系，做好幼小衔接，我和其他几位老师精心设计了一本名为"彩虹桥"的家园联系手册：这是一本活页夹，家长、孩子和老师可以根据需要进行个性化设计，取放也很简便；针对以往家长的回复情况，我们发现，某些家长缺乏观察记录孩子问题的能力，这种联系册方便展示和分享，还可以把个别家长好的经验向其他家长推广。这些优势使得"彩虹桥"的内容呈现出多样性，创造了一个理想的家园沟通渠道。之后，每周我们都会对孩子的情况进行分析，及时记录。虽然工作量很大，但收到了很好的效果。

不久，园部领导就发现了我们班的这项工作，并给予了很高的评价。园部将当月的"教师沙龙"主题定为"说说我们班的特色"，并向我约稿。我精心准备发言稿，选取一些关于"彩虹桥"的资料。我们的"彩虹桥"得到了同事们的赞许，并在全园掀起了一股家园沟通工作的创新热潮：托班的老师利用"彩虹桥"的活页夹形式制作"宝宝成长记录"；中班的老师们更是根据"彩虹桥"的内容，编制出了每月一份的"家园温馨报"。有的老师特意来我们班取经，有的老师借去孩子们的"彩虹桥"仔细研究，还有老师与我讨论"彩虹桥"信件里的措辞。每个人都从"彩虹桥"中汲取着养分，补充着自己的教学实践。

几个要好的同事说："敏敏，看见你的成功我们很高兴。"还有老师说："小许，你这么做，真的很辛苦，可以看出，你们班级现在的良好状态是你们的辛勤劳动换来的。你自己也要注意身体哦。"这些话都让我倍感温暖，我的价值不但得到了孩子、家长的认可，更获得了园部领导和老师们的承认，这对于我无比重要，让我更自信地面对以后的各种挑战。

（许敏霞）

2. 心中有孩子

保育员亦是教育者

在学校时，我对"保育员"没有什么概念，只知道每天能够和孩子们在一起。进入宋庆龄幼儿园，担任保育员，我才逐渐意识到这份工作的性质，并不如自己想象的那样美妙，管理每个孩子烦琐的日常生活起居，还要反复打扫清洁，对于当时还年轻的我十分困难。

保育员的工作相对机械和程序化，时间长了，如果没有调整好心态，年轻人尤其会产生一种消极情绪，从而对自己的工作产生倦怠。我也曾经懊悔过、气馁过，甚至想要逃离，经过很长一段时间的纠结和矛盾冲突，我重新审视自己和自己的工作。我问自己：能否舍弃我喜爱的孩子们？如果不能舍弃，我又该如何在保育员的工作岗位上发挥出自身的价值呢？

当我全身心投入工作时，发现了保育员工作的别样价值。照料孩子的生活，需要营养学、卫生学的知识；在一日生活的各保育环节，我自己也在发挥着言传身教的作用；保育员和教师的常态沟通，对孩子的成长至关重要。我觉得，保育员亦是教育者，这应该是学前教育常识。

转换为母亲的角色

世上没有不爱自己孩子的母亲！对于幼教工作者，无论是教师还是保育员，首先要能够体会一个母亲的忧虑，换位思考"如果我是孩子的母亲，会怎样做"。保育员主要是给予孩子生活上的照顾和关怀，更接近母亲的角色。

比如，很多家长特别关注孩子在幼儿园的饮食情况。一些家长接孩子时，总会再带一些点心给孩子吃，如果发现孩子吃得急，就认为在幼儿园里没吃饱。有些孩子挑食厉害，喜欢吃容易咀嚼的米饭。于是，我在管理幼儿午餐的时候就尽可能让孩子吃饱，多添点饭，这样孩子就不容易产生饥饿感，家长也不会抱怨。

可是，有一天，当我回家面对自己的孩子时，我突然发现自己错了，每个母亲都希望自己的孩子健康成长，摄入各种营养，我怎么能够因为贪图一时的方便而打破孩子的饮食平衡呢？

于是我开始鼓励孩子们多吃菜，对于一些十分挑食、爱吃白米饭的孩子，我先不盛米饭，让他们没有选择地先吃菜，而且在有饥饿感的时候，尽可能让他们多吃一点菜。一些孩子爱用红汤泡饭，吃得又快又多，这样对保育员的管理工作也更加方便，可我查阅资料后发现，长期这样做，会对孩子还没有发育完全的肾脏带来十分大的负担，不利于身体健康。于是我开始改变策略，尽可能杜绝孩子的这种不良饮食习惯。

我这样做，都是源于作为母亲的心态。我想，要多从母亲的角度去考虑，即使错了，也是因为爱，不会后悔。因为一个好母亲便是一个优秀的保育员，做一切对孩子有利的事情。

在家里，主要是母亲精心照料孩子的生活；在幼儿园里，保育员承担了这样的角色。但我要做得更好、更专业，我不仅要具备专业的保育知识和行为，更要以一颗母亲般的心爱孩子。因此，在幼儿园里，我不仅是保育员，更要扮演母亲的角色。

保教默契配合

保教合作是幼教工作中一个值得探讨的问题。一个班级里教师和保育员的配合是否默契，会直接影响到孩子的身心健康，教师需要怀有尊重的心态，而保育员需要抛弃自卑的心理。保教是密不可分的，只有教师和保育员充分协调合作，才能提高幼儿的生活质量，并且使幼儿获得最有效的教育。作为一名保育员，需要主动配合教师的教学工作和生活管理。

我曾和一名音乐教师一起工作，年轻和对工作的热情，使我俩的配合十分默契。一次音乐活动，她教孩子们一段舞蹈，待我做完清洁工作走进教室时，发现她忙于钢琴弹奏和动作示范：她在弹奏钢琴时，要检查孩子们的动作，并且口头指导；音乐停止后，又马上要从琴凳上站起来给孩子们示范指正。我表示愿意配合她示范动作时，她十分高兴。就这样，我们一个弹琴，一个跳舞，孩子们看见两个老师一起上课，也十分高兴，学习更加带劲，这堂课收到良好的效果。

那次经历让我体会到，教师和保育员的合作如此重要，保育员要调整好自己的心态，与教师补位合作，让彼此都获得一种满足感，从而保持良好的工作关系。一对配合默契、心态良好的老师可以让孩子们的集体生活更加愉快。

生活教育亦是教育的一部分

在工作中，我经常发现一些幼儿缺乏自信心。当然，胆小、内向的性格是原因之一，生活能力的缺乏也会阻碍幼儿自信心的建立。

点点在家里被娇惯着，家人时刻都围绕在他身边，他很难独立，生活能力更是可想而知。入园后，点点的表现就与其他孩子明显不同：不会自己穿鞋，不会自己吃饭，不会自己提拉裤子等，每当遇到一些小小的生活困难，他就会哭泣或者被动等待他人提供帮助。这些小状况每天不断出现，导致点点在最初一段时间十分排斥上幼儿园。生活能力弱带来的挫折感已经超过了集体活动带来的愉悦感，所以我们看见了一个胆小、缺乏自信的点点，在尝试任何新鲜事物时，点点永远是先躲在旁边观察，而后尝试参与或者放弃。

对于保育员而言，在日常工作中应该有意识地培养幼儿相应的生活能力和解决问题的技能，尤其是对一些能力较差的幼儿。

首先，培养孩子自我服务的意识。点点外出家人抱，吃饭家人喂，穿衣家人帮，生活中他的所有事情都依赖成人，在他看来，这就是家人的事情，久而久之就成了习惯性依赖。成人不能贪图省时方便而替孩子包办，这是对孩子的不公，剥夺了孩子的锻炼和成长机会。我们可以教会孩子发出求助的信号，告诉老师自己需要什么帮助，如"请帮我扣扣子"、"请帮我系鞋带"等，进而让孩子认识到这是自己可以做的事情。

其次，我们应该注意，在帮助幼儿的时候不能完全替代。通常我会示范模仿或请孩子一起参与，根据幼儿的训练内容配合一些儿歌，让幼儿更容易接受，氛围也更加轻松。如在教孩子穿鞋的时候，我会边教孩子穿鞋，边念儿歌。

另外，训练时的指导语也是十分重要的，用幼儿能够理解、富有情趣的语言指导，能够有效提高孩子学习的积极性。如提醒幼儿用洗手液时，我会说"一起搓泡泡"；吃饭时鼓励孩子咀嚼吞咽，我会说"看谁的嘴巴会变魔术，把饭变到肚子里去"；教孩子穿裤子时，我会说"火车过隧道了"；等等。生动的指导语，能够促进幼儿聆听和模仿。

孩子们觉得热了能够自己脱衣，能够解决基本的生活问题，能够自己吃完饭后提醒身边的小伙伴也要吃完，能够管理好自己的物品……当出现这些变化的时候，我们会发现孩子越来越自信、越来越开朗，这就是孩子的成功，更是我们的成就。当我们疲惫、倦怠的时候，想到这些，心情便会豁然开朗。

对于孩子来说，健康、快乐就是成功。当我们用博爱的胸怀将怯懦的孩子拥入怀中时，我们正在改变他们。

思考即有收获

8 年后，我通过努力争取到了国际部助教的位置。第一次和外教一起布置教室时，我的心中充满了惊讶。

教室分为 6 个区域：美工区、故事区、益智区、装扮区、活动区和娃娃家。在定了大方位后，我先对玩具归类，再把它们摆放进各自区域的玩具架里，完毕后，我很自豪地对 Rosalene 说："我们的教室漂亮吗？"得到的回应是摇头皱眉，Rosalene 告诉我："这不是 2 岁幼儿的教室，玩具不该都在架子里，否则，他们不会主动拿出来玩。"我像被泼了一盆凉水，不赞同她的观点。Rosalene 又说："拼板应该放在桌面上或架子表层，建构玩具应该在地毯上搭建出来，示范给孩子看，小汽车应摆放在滑坡山旁边……"我知道她将这些玩具放在显而易见的位置，是为了让幼儿的视觉接触到玩具，难道孩子不会去取架子里的玩具吗？带着疑问，我按照 Rosalene 的要求将玩具一一摆放，桌上、地毯上都铺满了玩具，架子里只剩下一些实在摆放不下的玩具。

幼儿入学的第一天，一阵哭闹后，一些适应能力强的幼儿已开始投入活动中，与其说是在玩，还不如说是"撒"。孩子们将玩具撒满一地后，又满足地走向另一个活动区域。最具吸引力的是娃娃家、汽车、恐龙。男孩们大多围着滑坡山玩汽车，还有些玩恐龙，而女孩多在娃娃家里摆弄锅碗瓢盆。虽然每个幼儿在各活动区的时间不会过长，但在这三个活动区幼儿的注意力集中时间稍长。

待孩子们离开后，我扫视了一遍教室，满地狼藉，果然，架子里的玩具大多依然如故。可我的心里还是不服气，也许孩子们今天还不熟悉环境吧？

第二天，除了摆放出来的玩具，我还向幼儿介绍了架子里的玩具。除了个别幼儿仍需帮助，大多幼儿都能主动投入活动中。他们不会限制自己的活动区域，随处玩，玩具随处放。年龄稍大的幼儿甚至喜欢搬运玩具。

孩子们走后，教室里一下子安静了，教室之狼藉超过第一天，然而有趣的是，架子里我没介绍过的玩具依然还在原处。

巨大的反差，让我陷入了沉思。

幼儿的小肌肉运动技能尚处于发展阶段，2 岁的幼儿已逐步摆脱口尝的感觉方式，通常用手指的接触来探索世界，所以并不存在真正意义上的游戏，只是一种探索行为及游戏的启蒙。通过抓捏细小物体来锻炼他们的小肌肉运动技能，除了考虑玩具的体积，还要考虑它的摆放位置。2 岁幼儿的视觉发育尚不完善，架子里的玩具不易被幼儿发现，刚入园的幼儿，关注的便是摆放在外的玩具。开放式的摆放恰好可以帮助幼儿找到他们需要的玩具，避免幼儿因找不到玩具而产生忧虑感。

从幼儿的心理角度看，这个年龄段的幼儿自我意识强，处处以我为中心，因此矛盾冲突较频繁。除了在玩具数量上的满足，还要注意玩具的陈列方式。开放式的玩具陈列减少了幼儿因找不到自己要玩的玩具而去抢别人玩具的机会，就算偶尔争抢玩具，其中一方很可能被附近其他玩具吸引，从而放弃争抢。这正是开放式陈列的优势，能有效减少冲突的发生。

我将自己的思考整理成文，最终发表在《幼儿教育》上。这是我第一次发表文章，它让我第一次感到将自己的文字变成铅印文字并不遥远，也让我明白，要写有自己思考的东西。于是，我开始记录身边孩子的故事，努力思索孩子行为背后的原因，从而找寻适合孩子的教育策略。

从研究中获得自信

Tom 和我的相遇是彼此的幸运。

Tom，这个有双蓝色眼睛的帅气英国小男孩初到我们班时，显得如此不同。

他是班级的独行侠，同伴与老师在他面前仿佛是透明的存在。教师的指令要想得到他的任何反馈，无比艰难。我不由自主地被他吸引，他的每个行为都引起我的好奇。"自闭"这个既熟悉又陌生的词汇浮现在我的脑海里。

Tom 是自闭的孩子吗？

我带着疑问开始了观察。我查阅资料，了解自闭的各种评判指标，逐条在 Tom 身上比对，甚至有意创造情境来试探 Tom 的反应。在观察三个月后，我确信 Tom 不是自闭的孩子，但是，这些与众不同的反应又表明这个孩子需要帮助。

我与家长沟通，让家长带 Tom 到医院进行全面的检查，最后 Tom 被确诊为由于语言神经发育不完善而形成的语言障碍，是语言发育的迟缓阻碍了 Tom 的社会性发展，从而产生了这样一系列问题行为。为 Tom 诊断的英国医生从家长处了解了我的观察记录后，感慨地说："你们真幸运，遇到了这样专业的教师，不仅有助于我们更清晰地了解你的孩子，做出正确的判断，更为重要的是，孩子得到了及时的治疗。"这位医生主动要求到幼儿园与我交流，和我共同开展对 Tom 的治疗。

　　这又给了我一个学习的机会。我观察、记录着治疗过程中 Tom 的变化，思考自己的教育行为如何才能帮到他。当 Tom 的行为有所改变时，我的心中充满了喜悦，即使是叛逆、恶作剧，这都表明 Tom 开始与周围世界互动了。

　　我为 Tom 记下的日记，短的只有百余字，长的千余字，这厚厚的一叠手稿凝聚了我 9 个月的心血。我先后将日记整理成《他有自闭症吗?》和《Tom 醒了》，并在《上海托幼》上发表。2008 年，中国福利会学前教育年会征集论文，幼儿园科研室建议我将两篇文章合二为一，形成论文《Tom 的成长日记——个案观察研究》参与评选。这篇论文得到了专家组的一致认同，被评选为当年年会论文一等奖。上海市教育规划办主任苏忱老师说："这才是真正的教师研究，是来自教师真实教育生活的研究，应该提倡和推广。"

　　对 Tom 的观察记录本来只是出于我个人的兴趣，没想到获得了如此多业内的肯定。我在惊喜之余，对自己每天的教育生活、对孩子的各种行为有了更加浓厚的观察兴趣，记录成为我的专业生活中的一项重要内容。我习惯性地记录自己在日常生活中注意到的点点滴滴，这些零散的珍珠，总有一天能串成璀璨的项链。在我心中，研究已经不再遥远，我乐在其中。

　　如今，距离我的第一篇文章的发表已有 9 年，在这 9 年里，我通过研究为自己获得了真正的教师身份，破格成为幼教高级教师。2011 年，我有幸成为上海十大教育新闻人物。我没有辉煌的举动，有的只是一颗全力爱孩子的心，以及时刻关注与倾听孩子的眼睛和耳朵。

（李霞）

3. 课程变革中的历练

探讨教师在课程变革中的专业发展时，我用不同颜色来命名我的研究对象。谈及黄葵老师时，我不由自主地选用了蓝色。黄葵老师是引领我走进教师工作的导师，她是中学高级教师、幼儿园的学科带头人、导师团导师，在教学生涯的前 14 年，她一直在幼儿园承担改革试点的工作。主题活动设计与实施是她的强项。她喜欢教师工作，喜欢孩子，即使进入了不同的工作领域，她仍坚持每天有半天的时间和孩子在一起，从事教学活动。

在研究过程中，我梳理了黄葵老师的工作历程，与她的交谈让我一次又一次感动：教育、研究已经成为黄葵老师的生活乃至生命的一部分。黄老师一直用研究的态度对待教学，而她也在这一过程中，成为孩子生命中的良师，成为独特的自己。

全面学习

蓝（指代黄葵老师）1989 年参加工作，当时正开始综合主题活动的新一轮探索，所以在工作的第一年，蓝就进入幼儿园的课题组，开始了对陈鹤琴综合主题活动教学的研究。

我们的综合主题活动主要以节日为主题，课题组老师一起收集了许多和节日相关的歌曲以及其他素材。老师根据不同的节日布置教室环境，同时开展相关活动。如我的第一个主题活动——"三八妇女节"，我就和同事一起设计墙面——"我是妈妈的好帮手"，带着孩子为妈妈做一份礼物，再送给妈妈一句话。我们当时开展综合主题活动，采用分科教学，以主题活动内容为载体，设计不同学科的教学内容。随着研究的深入，主题活动逐渐从单一的节日主题，发展为以节日（如三八妇女节、国庆节、中秋节、圣诞节、元宵节等）和季节（春、夏、秋、冬）为主线的主题活动。

当时，蓝对主题活动的认识还是比较浅显的，只是将这样的研究活动定位于工作内容的变化上：需要收集相关素材，设计主题版面，考虑基于主题的不同学科内容的涵盖。她作为一个执行者，在有经验的老师的带领下，完成一项项教学工作。在这个过程中，蓝感到收获最多的是对学科的全面了解。在传统单一的分科教学中，根据六门学科将幼儿教师分为两类：语言、常识、音乐老师，美术、计算、体育老师。而综合主题活动在一定程度上打破了这一分界线，教师要结合主题活动的内容综合考虑六门学科的安排。

开阔视野

蓝对综合主题活动有自己的理解，来自她在国际部任教的经历。在工作的第五年，蓝进入幼儿园的国际部，成为加拿大籍教师 Amy 的助教，接触了让她耳目一新的主题活动。

记得 Amy 的第一个主题活动是"我自己"。在这个对我而言全新的主题里，Amy 设计了不同的小主题活动："男孩和女孩"、"我的五官"、"我的身体"、"我能看"、"我能听"、"我能尝"，等等。在每个小主题中，Amy 还为孩子们设计了不同的材料与活动。例如，"男孩和女孩"的主题里，Amy 为孩子们准备了各种各样的男孩与女孩的服装，让孩子涂色并按照自己的性别设计服装和饰品。在"我能尝"这个主题里，她准备了不同味道的果珍，冲泡出五颜六色的饮料让孩子品尝，还让他们试着说出不同颜色的饮料分别是什么水果的味道。

Amy 的主题活动在内容和形式上吸引着我，她的 Circle Time（集体谈话时间）更是触动了我。每到这时，所有的孩子和 Amy 在地毯上坐成一个圆圈，共同讨论正在进行的一个主题。在讨论的过程中，孩子们分享彼此的知识与经验，而 Amy 总是面带微笑认真倾听，不时提出疑问或指引。在讨论的过程中，孩子们经常为教师设计的主题活动添加一些有趣的花絮。对于习惯了一问一答教学模式的我来说，这种讨论方式打开了另一个教育空间。我不仅要了解孩子是怎么学的，也要了解孩子知道了什么，感兴趣的是什么。孩子不仅好奇心强，而且渴望交流与表达。

与加拿大籍外教的共事使蓝第一次接触北美早期儿童教育方案，而接下来的一年，她又得到了一次去加拿大英属哥伦比亚大学儿童研究中心学习五个月的机会，对主题活动的设计与实施有了更加深刻的体会。回国之后，她在领导的支持下开始了课程改革实验。

1. 教师思维角度的改变

教学以教师的教为主时，教师在教学设计与实施的过程中主要考虑教什么、怎么教、什么样的教法能保证孩子基本掌握教学内容。这样的思维是单向的，主要是从老师自上而下传递知识的角度考虑的。当蓝在活动中意识到每个孩子都有自己的特性，他们的学习风格和成熟程度有很大差别，教育应适应每个孩子的需要时，每个孩子的原有经验、学习风格等，越来越成为蓝在教学设计与实施中考虑的因素。

　　我除了已有的思路，又要考虑这些问题：我教的内容主要适合哪些孩子？有几个孩子需要更深的知识？有几个孩子需要我更多的关注与辅导？孩子对这个主题现在最感兴趣的是什么？他们知道了什么？什么是他们不知道的？于是，我开始用各种方法观察和记录孩子的行为：单个孩子观察，同伴游戏观察，使用表格观察记录不同孩子在一天中的活动。这些通过观察获得的资料可以用于教学分析与规划，使我有了更多更有效的信息，在做出判断和决策时能考虑得更为周全、准确。

2. 孩子成为课程开发的参与者

由于思维角度的转变，蓝设计的活动主题不再仅仅局限于节日与季节，更多地从幼儿的现实生活中选材，如交通、苹果、牙齿、三只小熊、水，等等。主题有大有小，内容设计不仅丰富，而且深入。如交通主题，先从孩子们熟悉的交通工具入手，涉及陆、海、空三个方面，再扩展到马路、桥梁、高架等，最后延伸到一些基本的交通规则。

不仅主题发生了变化，教室环境布置也发生了改变。

> 以往进行综合主题活动时，主题墙面或主题环境布置都是由老师来完成的，但在哥伦比亚儿童研究中心，则全部使用孩子的作品来布置，甚至连作品的摆放与张贴都听从孩子的意见。整个教室往往贴满了孩子的作品，不留一点空白，猛一看有些凌乱，细看却有无穷的趣味，充满童真与惊喜。老师只是布置环境的总体框架，其余完全使用孩子们的作品来装饰。

> 我在设计主题活动环境时，就汲取了该中心的经验，将孩子纳入教室环境创设的工作中，让他们随着主题活动的开展不断丰富教室的环境。

> 在这种更加开放的综合主题活动中，孩子更活泼、更主动，思维更活跃，求知欲更强，富有探索精神与进取意识，解决问题的能力有了很大的提高。他们富有想象力的表达常常让我惊喜不已。如在主题活动"树"的最后部分，我问："如果你是一片树叶，当你掉到地上时会发生什么事？"孩子们的答案各异："我会随风到其他树下，找其他树叶做好朋友。""我会被风吹到小动物家门口，和小动物一起去玩。""我的树爸爸会想我。""我会被人踩，会哭。"稚嫩的语言显示了孩子们丰富的想象和情感，是孩子不同个性的展示。

视野的开阔，让蓝对综合主题活动有了更为深刻的认识。虽然当时她的集体教学仍然还是以分科的形式进行，但是就主题活动的本质而言，她开始意识到了孩子在课程实施过程中的独特地位。综合不再仅仅局限于主题中学科的综合，还包括教与学的综合，不仅考虑教师教什么、怎么教，还要考虑孩子想学什么、怎么学。

学会欣赏孩子

蓝是较早接触瑞吉欧、接触方案教学的老师之一。《孩子的一百种语言》让她知道了瑞吉欧这个小镇，但第一次接触，蓝并没有把它和自己的教学联系到一起。

　　园长给了我一本书《孩子的一百种语言》，介绍了瑞吉欧，倡导聆听孩子的心声，试着让孩子用各种方式表达、表现。但我觉得这有一定的文化背景。意大利是一个很有艺术气息的国家，孩子的表达、表现带有他们本国的特点，并不一定适合我们的孩子。

但是，美国学习瑞吉欧之后进行的方案教学吸引了她。

　　一次，我在书中发现了一个网站，介绍美国学习瑞吉欧后开展的"Project"，即方案教学，很受触动。我们做的主题是孩子跟着老师走，方方面面跟着老师的设计，点到为止。方案教学则是跟着孩子，让主题不断深入。

　　我们园长还给了我一本书，里面介绍一个有关"桌子"的方案。一张桌子腿坏了，孩子们想把它修好，为此采访木工，尝试用各种方法测量桌腿，最后孩子们自己把桌子修好了。这种为解决一个问题而引发的主题更生活化、更深入。进行方案尝试的时候，我让孩子用不同的方式解决问题。比如我和孩子一起做"小小建筑师"的主题活动，孩子利用废旧物品做房子时使用不同的工具，设计不同的门把手等，就是在实践中发现问题，再通过不同途径解决问题。

对方案的学习，蓝是从模仿开始的。她选择方案中的一个成功案例"超市"并模仿，开始了自己的第一个方案。

　　这是不成功的活动。因为在开展这个活动前，已经有了"超市"活动的模式，老师会不自觉地把孩子引到自己的"圈套"中来。在活动中，我只是抓到了一点影子，就是倾听孩子的心声，观察孩子的行为。但除了注意记录、收集孩子的语言与作品，这只是一个通常意义的主题活动，并没有什么本质的变化。

正当蓝困惑于方案和主题活动的区别，不知何去何从时，一个活动唤回了她的信心，让她真切感悟到方案的本质。

　　2001年是蛇年，在元宵节活动时，孩子们都带了各式各样的蛇灯和蛇的吉祥物。"蛇"这个已远离都市的动物一下子离孩子那么近，引发了许多孩子的兴趣，他们经常拿着各自的蛇玩具在小群体中讨论。这一情境使我萌发了做关于"蛇"的主题活动的想法。

开始，我们按照传统的做法，进行主题分解，如"蛇从哪里来"、"蛇住在哪里"、"蛇爱吃什么"等。孩子根据自己的喜好收集资料，寻找答案，通过手工制作、绘画和形体动作等形式来表达自己获得的知识与经验。我安排了一次外出活动，让孩子们到动物园的蛇馆去看看真正的蛇。正是这次外出活动，掀起了新的高潮。

参观时，孩子发现蛇馆里有暖气，就问工作人员："为什么要有暖气？蛇很怕冷吗？"工作人员告诉孩子，蛇是冬眠动物，天气一冷，蛇就要睡觉，蛇馆里开暖气，就是为了让蛇不冬眠。孩子回来后，在讨论此次参观活动时，就提出蛇馆的工作人员不让蛇冬眠，也许是为了让冬天来参观的人也能看到蛇，但蛇不能睡觉太可怜了，有什么办法可以既让蛇睡觉，又让游客看到呢？

孩子的想法很丰富。有的说在夏天把蛇的活动情况拍成录像，冬天参观蛇馆，大家看录像就可以了；有的说让一半的蛇冬眠，一半的蛇留在外面给大家参观，过段时间再交换；有的说暖气只在白天开，晚上关了，蛇就能睡觉了；有的说做条机器蛇，把真蛇放在机器蛇里冬眠，大家就看机器蛇表演。那段时间，孩子们沉迷于自己的设计中。例如，有个孩子用纸筒做了一条机器蛇，再用纸做了一条小蛇，作为真蛇放在里面。孩子们还把自己的作品带到动物园的蛇馆，和蛇馆的工作人员们分享自己的想法，博得了赞许。

在活动设计之初，我考虑过蛇的冬眠这一内容，但没想到从这样的角度去引发。虽然孩子的设想不一定符合生态科学，但我为他们的设想骄傲，为他们的丰富情感自豪。在这一过程中，我觉得自己才是学生，在他们的引领下感受到一个精彩的世界，我感到主题活动真的注入了新的生命力！

一直以来，蓝都是众人眼中追求完美的人。以制作教具为例，稍许色彩偏差、边角破损都无法在她那里过关。我就曾因为制作教具马虎而被她数次责备，要求返工。这反映在她的教学上，亦是细腻、精致，但这一追求因为方案的出现而发生了改变。按蓝的话说，方案让她学会欣赏孩子。

在以往的活动中，我把教室的部分空间提供给孩子，让他们自己布置，对他们的作品我要求漂亮和规范。

以 1997 年我开展的"小小建筑师"活动为例，当时的房子是孩子设计的，但搭屋顶、切割窗户都是我在一旁指导或动手帮忙的，孩子充当油漆工、粉刷匠，而且我还要求他们涂得均匀，不能留有空白。那时的房子整洁而美丽，像童话中的小屋。

2001 年做同样的主题活动时，我没有代替，而是放手让孩子自己做。孩子搭的屋顶里塞了好大一块泡沫板，在一扇门上装了两个把手，为了巩固水管，横七竖八地贴了好多胶带，切割的窗户是歪的，这样的作品零乱无章，甚至有点破破烂烂。但是孩子在这一过程中知道了搭屋顶不是两块纸板一拼就好，需要加固；把手有装在外面的，也有嵌在里面的；水管可以用好多罐子搭起来，但要记得在每个罐底穿个洞，让水流出来；切割纸板用美工刀比较快。在这些粗糙的作品的背后是孩子独立的探索和表达，展示的是孩子眼中真实的美。

我感觉自己的审美观得到了升华，模式下的美丽泯灭了孩子多少创造力、想象力，我真心喜欢上了这份凌乱、这份粗糙，因为这是属于孩子们的。

这份欣赏代表着蓝在专业上的成熟，她不再拘泥于外界的评价，开始真正实践自己欣赏孩子的教育。

教育的回归

对于自己的专业发展，蓝从孩子的角度进行了总结。

从分科到主题，最大的感觉就是丰富。我觉得教学活了，有许多可以挖掘的内容。

方案让我了解了什么是孩子最开心的事情。其实，孩子最开心的是老师放手让他去做、去尝试以前在大人的控制下没有做或不能做的事情。当我们给孩子机会的时候，孩子也会带给我们许多惊喜。以前我们总是考虑怎么教孩子，怎么设计，以教师为中心。开展属于孩子的主题活动，需要老师用心发现每个孩子的不同。

在这个教学历程中，我发现自己与孩子的距离越来越近。从学习一种课程的外在形式，到探讨课程中的指导方式，从聆听孩子的思想，到改变自己的教育观和儿童观，我逐渐把握了现在自己追求的自然教育。

在蓝的身上，我看到了教育的回归。在一次示范园园长会议中，一位园长抱怨："现在谁都可以对教育说三道四、指手画脚，就像一个人今天听张三的意见割个双眼皮，明天听李四的意见垫高鼻梁，后天再听王五的意见做两个酒窝，最后整得都不知道自己是谁了。什么时候能做到孩子就是孩子，教师就是教师，园长就是园长呢？"确实，教育不应该是花哨的表演，追求时尚的整容，而是教师与孩子之间真实自然的沟通和互动。对教育的研究让蓝不断产生新的思路、形成新的策略，从而走向专业成熟。

（黄葵　徐冰）